Frühling, Sommer, Herbst und Winter …

Was gibt es Schöneres als die Vorfreude auf den ersten Erdbeerkuchen im Frühling oder auf die herrlich gewürzten Plätzchen im Winter? Wer mit den Jahreszeiten backt, kann aus einer Fülle von frischen Zutaten und köstlichen Aromen schöpfen. In diesem Buch finden Sie daher neben unseren beliebtesten Rezepten für Ihre Kaffeetafel auch einen Saisonkalender für die unterschiedlichen Obstsorten, eine kleine Apfelkunde und eine Gewürzübersicht. Wer es gern abwechslungsreich mag, wird auf jeden Fall von den fruchtigen Frühlingsboten, ausgefallenen Modetorten, sommerlichen Streuselkuchen und Schokoladenträumen zur Weihnachtszeit begeistert sein.

Damit alle Rezepte auch bei Ihnen zu Hause garantiert gelingen, wurden sie in unserer Versuchsküche mehrmals getestet. Einige Handgriffe sowie Tipps & Tricks helfen Ihnen zudem bei der Zubereitung. Und für alle, die sich z. B. gern ein Stück vom Sommer einfrieren, haben wir die Rezepte, die sich für den Froster eignen, mit einem blauen Sternchen versehen.

Wir sind gespannt, welches Ihre persönliche Lieblingsjahreszeit zum Backen ist, und wünschen viel Spaß beim Stöbern und Nachbacken!

Ihre Redaktion
kochen & genießen

ERDBEER & RHABARBER S. 10

MODEKUCHEN S. 22

OSTERKUCHEN S. 30

KLEINGEBÄCK S. 40

BEERENKUCHEN S. 52

KÜHLE TORTEN S. 64

KIRSCHKUCHEN S. 72

PFIRSICH & APRIKOSE S. 82

APFELKUCHEN S. 94

BIRNE & TRAUBE S. 108

KÄSEKUCHEN S. 116

PFLAUMENKUCHEN S. 126

WINTER

SCHOKOKUCHEN S. 140

STOLLEN & FRÜCHTEBROT S. 154

PLÄTZCHEN S. 164

WEIHNACHTSTORTEN S. 176

WISSENSWERTES

SAISONKALENDER OBST S. 48

TIPPS AUS DER VERSUCHSKÜCHE S. 90

KLEINE APFELKUNDE S. 106

WEIHNACHTSGEWÜRZE S. 162

FRÜHLING

Die Saison für Erdbeeren & Rhabarber beginnt, Ostertorten und Kleingebäck laden zum Backen ein. Und für den nächsten Geburtstag ist auch etwas dabei

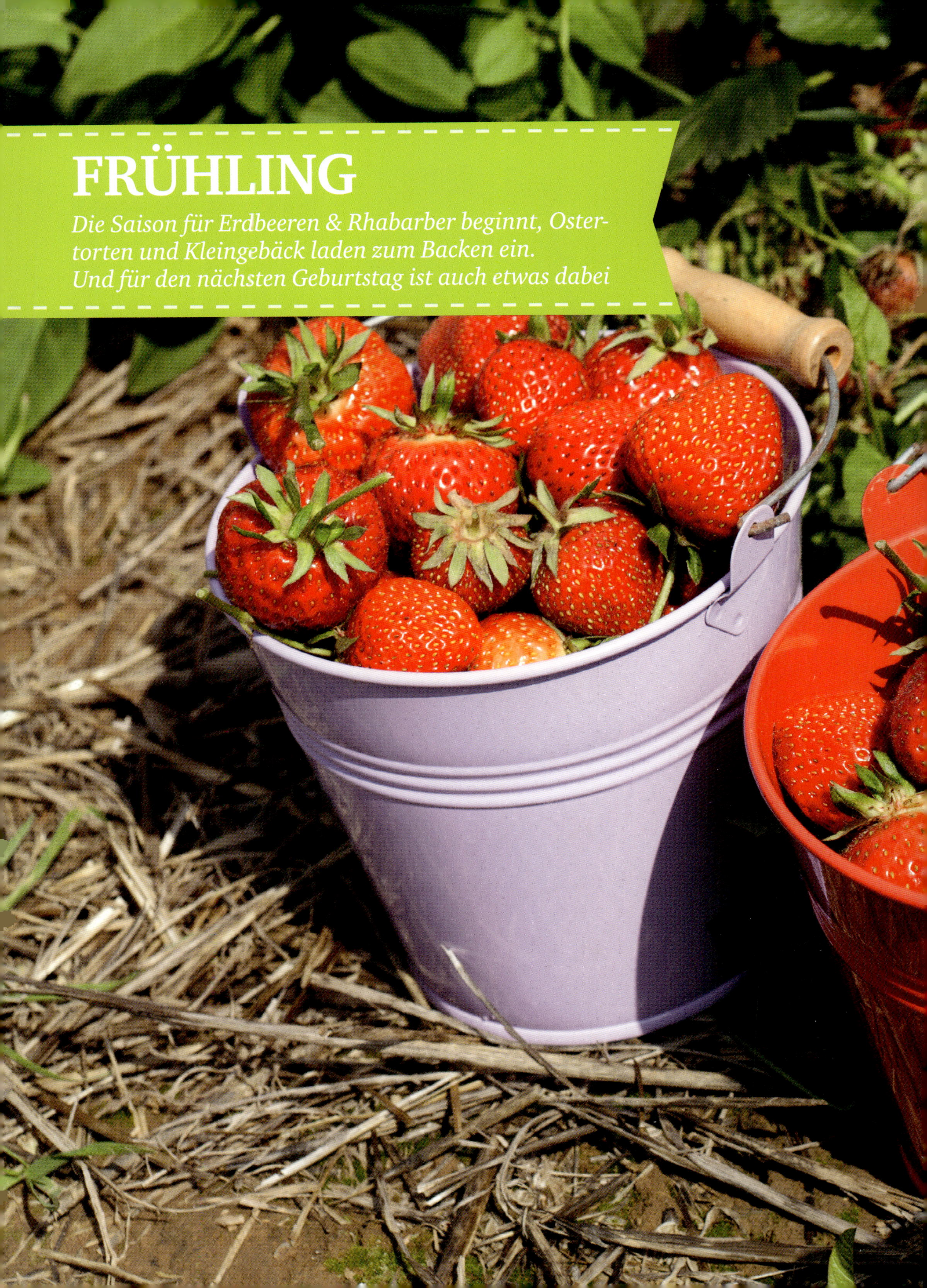

ERDBEER & RHABARBER 10

MODEKUCHEN 22

OSTERKUCHEN 30

KLEINGEBÄCK 40

Erdbeer-Sahnetorte

ZUTATEN FÜR CA. 16 STÜCKE

- Fett für den Formboden
- 3 Eier (Gr. M) ♥ Salz
- 100 g + 75 g Zucker ♥ 4 Päckchen Vanillezucker
- 75 g Mehl ♥ 25 g Speisestärke
- 2 leicht gehäufte TL Backpulver
- 100 g gemahlene Mandeln (ohne Haut)
- 4 EL Amaretto ♥ 8 Blatt weiße Gelatine
- 1 kg + 400 g kleine Erdbeeren
- 2 EL Zitronensaft
- 500 g + 400 g Schlagsahne

1 Springform (26 cm Ø) am Boden fetten. Eier trennen. Eiweiß, 3 EL kaltes Wasser und 1 Prise Salz steif schlagen, dabei 100 g Zucker und 1 Päckchen Vanillezucker einrieseln lassen. Eigelb einzeln darunterschlagen. Mehl, Stärke und Backpulver daraufsieben. Mandeln zufügen, alles unterheben. In die Form streichen. Im vorgeheizten Ofen (E-Herd: 175 °C/Umluft: 150 °C/Gas: s. Hersteller) ca. 20 Minuten backen. Auskühlen lassen.

2 Tortenboden waagerecht so durchschneiden, dass der untere Boden dicker ist als der obere. Tortenring um unteren Boden schließen. Beide Böden mit Amaretto beträufeln.

3 Gelatine in kaltem Wasser einweichen. 1 kg Erdbeeren waschen und putzen. 500 g Erdbeeren, 75 g Zucker und 1 Päckchen Vanillezucker pürieren. Gelatine ausdrücken und bei schwacher Hitze auflösen. Zitronensaft und 2 EL Püree löffelweise unterrühren, dann unter das übrige Püree rühren. Ca. 10 Minuten kalt stellen, bis es zu gelieren beginnt. 500 g Sahne steif schlagen und in 3 Portionen unters Püree heben.

4 Eine dünne Schicht Erdbeersahne auf den unteren Tortenboden streichen. Rest geputzte Erdbeeren darauf verteilen. Rest Erdbeersahne in die Zwischenräume geben und zum Schluss glatt streichen. 2. Tortenboden darauflegen. Über Nacht kalt stellen.

5 Tortenring entfernen. 400 g Schlagsahne steif schlagen, dabei 2 Päckchen Vanillezucker einrieseln lassen. Torte wellig damit einstreichen. Dabei auch den Tortenrand dick bestreichen, damit die Beeren gut daran haften können. 400 g Erdbeeren waschen, putzen und halbieren. Torte rundherum damit verzieren.

ZUBEREITUNGSZEIT ca. 2 Std. +
Wartezeit ca. 14 Std.
STÜCK ca. 350 kcal
E 6 g · F 23 g · KH 26 g

Süße Erdbeerkörbchen

ZUTATEN FÜR 12 STÜCK

- 1 Packung (120 g; 4 Blätter) Strudelteig (Kühlregal)
- etwas + 50 g Butter
- 500 g Erdbeeren
- evtl. 100 g Zartbitterkuvertüre
- 200 g Schlagsahne
- 2 Päckchen Sahnesteif
- 500 g Sahnequark
- 50 g Zucker
- 2 Päckchen Vanillezucker
- Puderzucker zum Bestäuben

1 Teig ca. 10 Minuten bei Raumtemperatur ruhen lassen. Mulden eines Muffinbleches (für 12 Stück) fetten. 50 g Butter bei schwacher Hitze schmelzen.

2 1 Teigblatt entfalten. Mit etwas flüssiger Butter bestreichen, in 12 Stücke (à ca. 9 x 12 cm) schneiden. Je 1 Stück in die Mulden des Muffinblechs legen. 2. Teigblatt ebenso bestreichen und in Stücke schneiden. Versetzt auf die anderen Stücke in die Mulden legen. Mit übrigen Teigblättern ebenso verfahren. Im vorgeheizten Backofen (E-Herd: 175 °C/Umluft: 150 °C/Gas: s. Hersteller) ca. 10 Minuten backen, bis sie leicht braun sind. Auskühlen lassen.

3 Beeren waschen, Hälfte halbieren. Kuvertüre grob hacken und im heißen Wasserbad schmelzen. Halbierte Beeren halb eintauchen, trocknen lassen.

4 Rest Beeren putzen, fein würfeln. Sahne steif schlagen, dabei 1 Sahnesteif einrieseln lassen. Quark, Zucker, Vanillezucker und 1 Sahnesteif verrühren. Erst Sahne, dann Beerenwürfel unterheben. Körbchen damit füllen, mit Schokobeeren und Puderzucker verzieren, sofort servieren.

ZUBEREITUNGSZEIT ca. 1 Std. + Wartezeit
STÜCK ca. 270 kcal
E 7 g · F 17 g · KH 21 g

GUT VORBEREITET

Die Körbchen aus Strudelteig können Sie schon prima am Vortag backen. Wenn sie ausgekühlt sind, einfach mit einem Tuch abdecken und an einem trockenen Ort aufbewahren.

Bienenstich mit Erdbeeren

ZUTATEN FÜR CA. 28 STÜCKE

- ⅛ l + 300 ml + 900 ml + 3 EL Milch
- 1 Würfel (42 g) Hefe ♥ 400 g Mehl
- 75 g + 125 g + 150 g Zucker
- 1 Päckchen Vanillezucker ♥ Salz
- 75 g + 150 g + 500 g weiche Butter
- 1 Ei (Gr. M) ♥ 3 Päckchen Vanillepuddingpulver ♥ Fett und Mehl für die Fettpfanne
- 2 EL (40 g) flüssiger Honig
- 200 g Mandelstifte ♥ 1 kg kleine Erdbeeren

1 ⅛ l Milch lauwarm erwärmen. Hefe hineinbröckeln und darin auflösen. Mehl, 75 g Zucker, Vanillezucker und 1 Prise Salz mischen. 75 g Butter, Ei und Hefemilch zufügen. Alles glatt verkneten. Zugedeckt an einem warmen Ort ca. 45 Minuten gehen lassen.

2 300 ml Milch, Puddingpulver und 125 g Zucker verrühren. 900 ml Milch aufkochen. Puddingpulver einrühren, wieder aufkochen und unter Rühren mind. 1 Minute köcheln. In eine Schüssel füllen. Abgedeckt auskühlen lassen.

3 Fettpfanne (ca. 32 x 39 cm; 3,5 cm tief) fetten und mit Mehl ausstäuben. Hefeteig durchkneten und direkt auf der Fettpfanne ausrollen. Zugedeckt ca. 30 Minuten gehen lassen.

4 150 g Butter, Honig und 150 g Zucker schmelzen. Mandeln zufügen und kurz aufkochen. 3 EL Milch unterrühren. Masse lauwarm abkühlen lassen, dann vorsichtig auf dem Teig verteilen. Im heißen Ofen (E-Herd: 200 °C/Umluft: 175 °C/Gas: s. Hersteller) ca. 20 Minuten backen. Kuchen auskühlen lassen.

5 Erdbeeren waschen, putzen und halbieren. Bienenstich quer in 4 Streifen (je ca. 9 cm breit) schneiden, Streifen waagerecht aufschneiden. Pudding glatt rühren. 500 g Butter ca. 10 Minuten cremig aufschlagen. Pudding löffelweise darunterschlagen. Eine dünne Schicht Buttercreme auf die unteren Bienenstichstreifen streichen. Erdbeeren darauf verteilen. Rest Creme daraufstreichen. Obere Streifen darauflegen. Mind. 1 Stunde kalt stellen. Streifen in je ca. 7 Stücke schneiden.

ZUBEREITUNGSZEIT ca. 2 ½ Std. + Gehzeit ca. 1 ¼ Std. + Wartezeit ca. 3 Std.
STÜCK ca. 410 kcal
E 5 g · F 28 g · KH 32 g

Erdbeer-Zabaione-Torte

ZUTATEN FÜR CA. 16 STÜCKE

- Fett und Mehl für den Formboden
- 60 g Zartbitterschokolade
- 6 Eier (Gr. M) ♥ Salz ♥ 5 EL + 100 g Zucker
- 50 g weiche Butter
- 1 EL + 100 ml Marsala (italienischer Dessertwein)
- 120 g gemahlene Haselnüsse
- 1 gestrichener TL Backpulver
- 6 Blatt weiße Gelatine
- 500 g + 8 mittelgroße Erdbeeren
- 80 g Erdbeerkonfitüre
- 250 g Schlagsahne
- 1 Päckchen roter Tortenguss (z. B. Erdbeer)
- ¼ l klarer Apfelsaft ♥ ca. 75 g Zartbitterkuvertüre
- Backpapier

1 Springform (26 cm Ø) am Boden fetten und mit Mehl bestäuben. Schokolade reiben. 3 Eier trennen. 3 Eiweiß und 1 Prise Salz steif schlagen, dabei 1 EL Zucker einrieseln lassen. Butter, 3 Eigelb und 2 EL Zucker ca. 2 Minuten cremig rühren. 1 EL Marsala unterrühren. Nüsse, Backpulver und Schokolade kurz unter die Eigelbmasse rühren. Eischnee portionsweise unterheben. In die Form streichen und im heißen Backofen (E-Herd: 200 °C/Umluft: 175 °C/Gas: s. Hersteller) ca. 20 Minuten backen. Auskühlen lassen.

2 Gelatine in kaltem Wasser einweichen. 3 Eier und 100 g Zucker im heißen Wasserbad mit dem Rührgerät 2–3 Minuten schaumig schlagen. Unter Rühren 100 ml Marsala zugießen und 8–10 Minuten schaumig schlagen, bis sich das Volumen der Creme fast verdoppelt hat. Gelatine ausdrücken, nach und nach unter die Creme schlagen. Im kalten Wasserbad ca. 5 Minuten weiterschlagen. Creme ca. 20 Minuten kalt stellen, bis sie zu gelieren beginnt.

3 500 g Erdbeeren waschen und putzen. Konfitüre auf den Tortenboden streichen. Erdbeeren mit der Spitze nach oben daraufstellen. Sahne steif schlagen, unter die Zabaionecreme heben. Auf den Erdbeeren verteilen und glatt streichen. Über Nacht kalt stellen.

4 Tortengusspulver und 2 EL Zucker mischen. Saft nach und nach einrühren. Unter Rühren kurz aufkochen, ca. 1 Minute abkühlen lassen, auf der Torte verteilen (durch die Wärme des Gusses entsteht mit der Creme ein Marmormuster). Ca. 2 Stunden kalt stellen.

5 8 Erdbeeren waschen, putzen. Kuvertüre hacken, im heißen Wasserbad schmelzen. Erdbeeren schräg hineintauchen, auf Backpapier trocknen lassen. Torte damit verzieren.

ZUBEREITUNGSZEIT ca. 1 ½ Std. + Wartezeit ca. 15 Std.
STÜCK ca. 270 kcal
E 6 g · F 17 g · KH 22 g

Pinienkern-Erdbeerkuchen

ZUTATEN FÜR CA. 16 STÜCKE

- Fett für die Form
- 750 g kleine Erdbeeren
- 200 g weiche Butter
- 150 g + ca. 3 EL Zucker (z. B. feiner brauner)
- 1 Päckchen Vanillezucker
- abgeriebene Schale von ½ Bio-Zitrone
- Salz
- 4 Eier (Gr. M)
- 200 g Mehl
- 100 g Speisestärke
- 4 gestrichene TL (12 g) Backpulver
- 75 g Pinienkerne oder Mandelstifte

1 Ein Springblech (ca. 30 cm Ø) oder eine Springform (28 cm Ø) fetten. Erdbeeren waschen, putzen und, je nach Größe, halbieren oder vierteln.

2 Butter, 150 g Zucker, Vanillezucker, Zitronenschale und 1 Prise Salz mit den Schneebesen des Rührgerätes 4–5 Minuten cremig rühren. Eier nacheinander darunterrühren. Mehl, Stärke und Backpulver mischen und portionsweise kurz unterrühren.

ERDBEEREN: *Zuerst mit kaltem Wasser sanft abbrausen, dann putzen, sonst verlieren sie zu viel Saft*

3 Teig ins Springblech streichen. Erdbeeren darauf verteilen. Mit Pinienkernen und ca. 3 EL Zucker bestreuen. Im vorgeheizten Backofen (E-Herd: 175 °C/Umluft: 150 °C/Gas: s. Hersteller) ca. 50 Minuten backen (evtl. kurz vor Ende der Backzeit abdecken). In der Form auskühlen lassen. Dazu schmeckt Schlagsahne.

ZUBEREITUNGSZEIT ca. 1 ½ Std.
STÜCK ca. 300 kcal
E 4 g · F 16 g · KH 32 g

Erdbeer-Rhabarber-Tarte

ZUTATEN FÜR CA. 12 STÜCKE

- etwas + 125 g kalte Butter
- 200 g + etwas Mehl • 6–7 EL Zucker
- Salz • 1 Ei (Gr. M) • 350 g Rhabarber
- 75–100 g Zartbitterkuvertüre
- 500 g Erdbeeren • 250 g Schmand
- 100 ml Milch • 1 Päckchen Vanillesoßenpulver (ohne Kochen; für ¼ l Milch)
- 1 Päckchen roter Tortenguss
- 2 EL Mandelblättchen
- Puderzucker zum Bestäuben

1 Eine rechteckige (20 x 29 cm) oder runde (28 cm Ø) Tarteform mit Hebeboden fetten. 200 g Mehl, 3 EL Zucker, 1 Prise Salz, 125 g Butter in Stückchen und Ei erst mit dem Rührgerät, dann mit den Händen glatt verkneten. Auf etwas Mehl rechteckig (ca. 24 x 33 cm) bzw. rund (ca. 32 cm Ø) ausrollen. Form damit auslegen, dabei am Rand in die Rillen drücken. Mit einer Gabel mehrmals einstechen. 1 Stunde kalt stellen.

2 Rhabarber putzen, waschen, in ca. 3 cm dicke Stücke schneiden. Mit 3 EL Wasser zugedeckt ca. 5 Minuten dünsten. Mit 1–2 EL Zucker süßen. Abtropfen lassen, den Saft dabei auffangen. Auskühlen lassen.

3 Tarte im vorgeheizten Backofen (E-Herd: 200 °C/Umluft: 175 °C/Gas: s. Hersteller) ca. 25 Minuten backen. Auskühlen lassen.

4 Kuvertüre hacken, im heißen Wasserbad schmelzen. Tarte innen damit ausstreichen, trocknen lassen. Erdbeeren waschen, putzen, in Scheiben schneiden, mit Rhabarber mischen. Schmand, Milch und Soßenpulver kurz cremig aufschlagen. Sofort in die Tarte füllen. Obst daraufgeben, etwas hineindrücken.

5 Rhabarbersaft mit Wasser auf ¼ l auffüllen. Tortengusspulver und 2 EL Zucker mischen. Saft nach und nach einrühren. Unter Rühren kurz aufkochen. Ca. 1 Minute abkühlen lassen. Auf der Tarte verteilen. Ca. 1 Stunde kühlen. Mandelblättchen ohne Fett rösten. Tarte mit Mandeln und Puderzucker verzieren.

ZUBEREITUNGSZEIT ca. 1 ¾ Std. + Wartezeit ca. 5 Std.
STÜCK ca. 300 kcal
E 4 g · F 18 g · KH 29 g

Rhabarber-Amaretto-Torte

ZUTATEN FÜR CA. 16 STÜCKE

- Fett für den Formboden
- 3 Eier + 4 frische Eigelb (Gr. M)
- Salz ♥ 150 g + 100 g + 50 g + 50 g Zucker
- 65 g Mehl ♥ 65 g Speisestärke
- 1 gestrichener TL Backpulver
- 2 leicht gehäufte EL (20 g) + etwas Kakao
- 15 Blatt weiße Gelatine
- 1 kg Rhabarber (geputzt 750 g)
- 4 EL Grenadinesirup
- 1 EL Zitronensaft ♥ 1 Msp. Zimt
- ca. ¼ l Roséwein
- 100 g gemahlene Mandeln
- ¼ l Milch ♥ 6 EL Amaretto
- 500 g + 400 g Schlagsahne
- 50 g Schokoraspel (z. B. Zartbitter)

1 Eine Springform (26 cm Ø) am Boden fetten. 3 Eier trennen. Eiweiß, 3 EL kaltes Wasser und 1 Prise Salz steif schlagen. 150 g Zucker dabei einrieseln lassen. 3 Eigelb unterschlagen. Mehl, Stärke, Backpulver und 2 EL Kakao daraufsieben und unterheben. In die Form streichen. Im heißen Backofen (E-Herd: 175 °C/Umluft: 150 °C/Gas: s. Hersteller) ca. 20 Minuten backen. Auskühlen lassen.

2 9 Blatt Gelatine kalt einweichen. Rhabarber putzen, waschen und klein schneiden. Mit Sirup, Zitronensaft, Zimt und 100 g Zucker aufkochen. Ca. 3 Minuten köcheln. Rhabarber abtropfen lassen, Saft auffangen. Mit Wein auf ½ l auffüllen, erwärmen. Gelatine ausdrücken, darin auflösen. Kalt stellen.

3 6 Blatt Gelatine kalt einweichen. 4 Eigelb und 50 g Zucker cremig rühren. Mandeln rösten. Vom Herd nehmen, Milch und 50 g Zucker zufügen. Aufkochen und durchsieben. Gelatine ausdrücken und in der heißen Milch auflösen. Nach und nach unter die Eigelbmasse rühren. Amaretto einrühren und die Masse kalt stellen.

4 Biskuit 1 x durchschneiden. Um 1 Boden einen Tortenring legen. Vom 2. Boden 2 x einen 5 cm breiten Ring ausschneiden. Rest Biskuit zerbröseln. 500 g Sahne steif schlagen. Wenn die Mandelcreme zu gelieren beginnt, unterheben. Wenn der Rhabarbersaft zu gelieren beginnt, Rhabarber unterheben.

5 ⅓ Creme auf den Boden streichen. Großen Ring darauflegen. Mit der Hälfte Kompott füllen, mit ⅓ Creme bestreichen. Mit Bröseln bestreuen. Kleinen Ring darauflegen. Rest Kompott um den Ring und in die Mitte verteilen. Mit Rest Creme bestreichen. Mind. 4 Stunden kalt stellen. 400 g Sahne steif schlagen, Torte mit ⅔ einstreichen. Mit Kakao, Raspeln und Sahnetuffs verzieren.

ZUBEREITUNGSZEIT ca. 2 Std. + Wartezeit mind. 6 Std.
STÜCK ca. 390 kcal
E 7 g · F 23 g · KH 36 g

Rhabarber-Streuselkuchen

ZUTATEN FÜR CA. 24 STÜCKE

- Fett und Mehl für die Fettpfanne
- 1,25 kg Rhabarber
- 500 g Magerquark
- 300 g Schlagsahne
- 1 ½ Päckchen Sahnepuddingpulver
- 1 Päckchen „Citro-Back“ (abgeriebene Zitronenschale)
- 75 g + 125 g + 200 g Zucker
- 150 g kalte + 200 g weiche Butter
- 200 g + 250 g Mehl ♥ 4 Eier (Gr. M)
- 1 Päckchen Backpulver
- 1–2 EL Puderzucker

1 Fettpfanne (ca. 32 x 39 cm) gut fetten und mit etwas Mehl ausstäuben. Rhabarber putzen, waschen und in 1–2 cm lange Stücke schneiden.

2 Für die Quarkcreme Quark, Sahne, Puddingpulver, „Citro-Back“ und 75 g Zucker glatt rühren. Für die Streusel 125 g Zucker, 150 g Butter in Stückchen und 200 g Mehl zuerst mit den Knethaken des Rührgerätes verkneten. Dann mit den Händen kurz zerbröseln und kalt stellen.

3 Für den Rührteig 200 g Butter und 200 g Zucker mit den Schneebesen des Rührgerätes cremig rühren. Eier nacheinander unterrühren. 250 g Mehl und Backpulver mischen und kurz unterrühren. Teig gleichmäßig auf die Fettpfanne streichen.

4 Quarkcreme daraufgeben und glatt streichen. Rhabarberstücke darauf verteilen und Streusel darüberstreuen. Im vorgeheizten Backofen (E-Herd: 200 °C/Umluft: 175 °C/Gas: s. Hersteller) ca. 45 Minuten backen.

5 Kuchen auskühlen lassen und mit Puderzucker bestäuben. In ca. 24 Stücke schneiden und auf einer Platte anrichten. Dazu schmeckt Schlagsahne.

ZUBEREITUNGSZEIT ca. 1 ½ Std.
STÜCK ca. 330 kcal
E 7 g · F 17 g · KH 34 g

Lässt sich gut einfrieren

Schneemoussetorte mit Rhabarbercreme

ZUTATEN FÜR CA. 16 STÜCKE

- Fett für die Form
- 4 Eier (Gr. M)
- 125 g weiche Butter
- 125 g + 125 g + 50 g Zucker
- 3 Päckchen Vanillezucker
- Salz ♥ 150 g Mehl
- 2 leicht gehäufte TL Backpulver
- 5–6 EL Milch
- 200 g + etwas Puderzucker
- 750 g Rhabarber (geputzt 600 g)
- 2–3 EL Sauerkirschnektar oder Apfelsaft
- 8 Blatt weiße Gelatine
- 300 g Vollmilchjoghurt
- 200 g Schlagsahne

1 Springform (ca. 26 cm Ø) fetten. Eier trennen. Butter, 125 g Zucker, 1 Vanillezucker und 1 Prise Salz cremig rühren. Eigelb einzeln unterrühren. Mehl und Backpulver mischen und im Wechsel mit der Milch kurz unterrühren.

2 Hälfte Teig in die Form streichen. Eiweiß und 1 Prise Salz steif schlagen, dabei 200 g Puderzucker einrieseln lassen. Hälfte Eischnee leicht wellig auf den Teig streichen, dabei rundherum am Rand ca. 2 cm frei lassen. Im vorgeheizten Backofen (E-Herd: 175 °C/ Umluft: 150 °C/Gas: s. Hersteller) ca. 30 Minuten backen. Auskühlen lassen. Aus übrigem Teig und Eischnee auf gleiche Weise einen 2. Boden backen.

3 Rhabarber putzen, waschen und in Scheiben schneiden. 600 g Rhabarber, 125 g Zucker und Kirschnektar im Topf mischen und unter Rühren aufkochen. Ca. 4 Minuten köcheln, bis er zu zerfallen beginnt. Kompott auskühlen lassen.

4 Gelatine in kaltem Wasser einweichen. Joghurt, 50 g Zucker und 2 Vanillezucker verrühren. Gelatine ausdrücken, bei schwacher Hitze auflösen. 2–3 EL Joghurt einrühren, dann unter den übrigen Joghurt rühren. Rhabarberkompott einrühren. Kalt stellen, bis die Rhabarbercreme zu gelieren beginnt (dauert je nach Sorte ca. 10 Minuten bis ca. 45 Minuten).

5 Sahne steif schlagen und unter die Creme heben. Tortenring um einen Tortenboden schließen. Creme daraufstreichen. 2. Tortenboden darauflegen. Mind. 4 Stunden kalt stellen. Mit etwas Puderzucker bestäuben.

ZUBEREITUNGSZEIT ca. 2 ½ Std. + Wartezeit ca. 5 Std.
STÜCK ca. 310 kcal
E 5 g · F 13 g · KH 42 g

Lässt sich gut einfrieren

MODEKUCHEN

Hochzeitstorte

ZUTATEN FÜR CA. 30 STÜCKE (OHNE VERZIERUNG)

- 2 Päckchen Vanillepuddingpulver
- 150 g + 75 g + 125 g + 125 g Zucker
- 1 ½ l Milch ♥ 1 Päckchen Schokopuddingpulver ♥ 9 Eier + 1 Eiweiß (Gr. M) ♥ Salz
- 1 Päckchen Vanillezucker
- 100 g + 150 g Mehl ♥ 3 gestr. TL Backpulver
- 50 g gemahlene Mandeln (ohne Haut)
- 75 g + 250 g + 500 g weiche Butter
- 25 g Kakao ♥ 100 g Zartbitterschokolade
- 250 g Kirschkonfitüre
- 100 g Nussnougat (schnittfest)
- 150 g Aprikosenkonfitüre
- 2 Marzipandecken (à 300 g; von Dr. Oetker)
- Backpapier

1 Vanillepuddingpulver, 150 g Zucker und 200 ml Milch verrühren. 800 ml Milch aufkochen. Angerührtes Puddingpulver einrühren, aufkochen, ca. 1 Minute unter Rühren köcheln. Auskühlen lassen, dabei öfter umrühren.

2 Schokopuddingpulver, 75 g Zucker und 100 ml Milch verrühren. 400 ml Milch aufkochen. Daraus wie unter Punkt 1 beschrieben einen Pudding kochen. Auskühlen lassen. Je eine Springform (18 und 26 cm Ø) am Boden mit Backpapier auslegen.

3 3 Eier trennen. 3 Eiweiß, 3 EL Wasser und 1 Prise Salz steif schlagen, dabei 125 g Zucker und Vanillezucker einrieseln lassen. 3 Eigelb einzeln darunterschlagen. 100 g Mehl und 1 gestrichenen TL Backpulver daraufsieben. Mandeln zufügen, alles unterheben. In die kleine Form streichen. Im vorgeheizten Backofen (E-Herd: 175 °C/ Umluft: 150 °C/Gas: s. Hersteller) ca. 30 Minuten backen. Auskühlen lassen.

4 75 g Butter bei schwacher Hitze schmelzen. 6 Eier trennen. 6 Eiweiß und 1 Prise Salz steif schlagen, dabei 125 g Zucker einrieseln lassen. 6 Eigelb einzeln darunterschlagen. 150 g Mehl, 2 TL Backpulver und Kakao daraufsieben, unterheben. Butter unterziehen. In die große Form streichen. Schokoboden bei gleicher Temperatur ca. 20 Minuten backen. Auskühlen lassen.

5 Schokolade grob hacken und im heißen Wasserbad schmelzen. 250 g Butter ca. 8 Minuten cremig aufschlagen. Schokopudding löffelweise unterrühren. Die flüssige Schokolade kurz darunterrühren.

6 Schokoboden 2 x waagerecht durchschneiden. Um den unteren Boden einen Tortenring schließen. Kirschkonfitüre daraufstreichen, dabei ca. 1 cm Rand frei lassen. Mit Hälfte Schokocreme bestreichen. 2. Boden darauflegen. Mit Rest Schokocreme bestreichen. 3. Boden darauflegen und ca. 1 Stunde kalt stellen.

7 Nougat würfeln und im heißen Wasserbad schmelzen. 500 g Butter ca. 8 Minuten cremig aufschlagen. Vanillepudding löffelweise unterrühren. Ca. ⅓ Creme abnehmen und Nougat löffelweise unterrühren.

8 Mandelboden 2 x waagerecht durchschneiden. Um den unteren Boden einen Tortenring schließen. Aprikosenkonfitüre auf den unteren Boden streichen, dabei ca. 1 cm Rand frei lassen. Mit Hälfte Nougatcreme bestreichen. 2. Boden darauflegen. Mit Rest Nougatcreme bestreichen. 3. Boden darauflegen. Ca. 1 Stunde kalt stellen.

9 Schokotorte mit ⅔ Vanillecreme glatt einstreichen und ca. 30 Minuten kalt stellen. Die Mandelnougattorte mit der übrigen Vanillecreme einstreichen und ebenfalls ca. 30 Minuten kalt stellen.

10 Die Marzipandecken entrollen und beide Torten darin einhüllen. Überstehendes Marzipan abschneiden und für die Blütendeko beiseite legen. Kleine Torte mit einer Tortenpalette auf die große setzen. Kalt stellen. Verzierung: s. links.

ZUBEREITUNGSZEIT ca. 4 Std. + Wartezeit ca. 5 Std.
STÜCK ca. 600 kcal
E 8 g · F 34 g · KH 61 g

HÜBSCH VERZIERT

1 ***250 g Puderzucker*** *und* ***1 frisches Eiweiß*** *dickcremig aufschlagen, evtl. einige Tropfen* ***Zitronensaft*** *zufügen. Guss in einen Einmalspritzbeutel füllen und eine sehr kleine Ecke abschneiden.*

2 ***150 g Marzipanrohmasse*** *und* ***2 EL Puderzucker*** *verkneten. Mit* ***gelber und roter Speisefarbe*** *apricotfarben einfärben. Zwischen* ***Folie*** *ca. 3 mm dick ausrollen. Daraus und aus den ungefärbten Resten der Marzipandecken der Torte mehrere kleine Blüten ausstechen.*

3 Blütenblätter mit Guss an die Torte kleben. Torte und Blüten mit übrigem Guss und goldenen Zuckerperlen verzieren.

Kochlöffelkuchen Kaffee-Kirsch

ZUTATEN FÜR 9–12 STÜCKE

- Fett und Mehl für die Form
- 125 g weiche Butter
- 150 g Zucker
- 3 Päckchen Vanillezucker
- Salz ♥ 5 Eier (Gr. M)
- 200 g Mehl
- 3 gestrichene TL Backpulver
- 500 g Schlagsahne
- 4 EL Espresso oder starker Kaffee
- 8 EL Kaffeelikör
- ca. 50 g Vollmilchschokolade
- 1 Päckchen Sahnesteif
- 300 g Kirschkonfitüre

1 Eine quadratische (24 x 24 cm) oder runde (26 cm Ø) Springform fetten und mit Mehl ausstäuben. Butter, Zucker, 1 Päckchen Vanillezucker und 1 Prise Salz cremig rühren. Eier einzeln unterrühren. Mehl und Backpulver mischen. Im Wechsel mit 7 EL Sahne kurz unterrühren. In die Form streichen. Im vorgeheizten Ofen (E-Herd: 175 °C/Umluft: 150 °C/Gas: s. Hersteller) ca. 25 Minuten backen.

2 3 EL Sahne, Espresso und Likör verrühren. Kuchen aus dem Ofen nehmen. Ca. 5 Minuten ruhen lassen. Mit einem dünnen Kochlöffelstiel (5–7 mm Ø) zügig dicht an dicht Löcher von oben bis zum Formboden in den Kuchen stechen. (Da der Kuchen nach der kurzen Abkühlzeit noch heiß ist, ziehen sich die Löcher beim Auskühlen wieder etwas zusammen.) Einige Tropfen Likör-Espresso-Mischung in die Löcher träufeln. Auskühlen lassen.

3 Schokolade mit einem Sparschäler oder Messer in feine Röllchen hobeln. Rest Sahne steif schlagen, dabei Sahnesteif und 2 Päckchen Vanillezucker einrieseln lassen. Konfitüre durchrühren und auf den Kuchen streichen. Die Sahne locker daraufstreichen. Mit Schokoröllchen bestreuen.

ZUBEREITUNGSZEIT ca. 1 ½ Std. + Wartezeit
STÜCK ca. 470 kcal
E 6 g · F 26 g · KH 48 g

Lässt sich gut einfrieren

Raffaello-Pfirsich-Torte

ZUTATEN FÜR CA. 16 STÜCKE

- Fett und Paniermehl für die Form
- 125 g weiche Butter
- 100 g + 100 g + 1 TL Zucker
- abgeriebene Schale von 1 Bio-Zitrone
- Salz ♥ 3 Eier (Gr. M)
- 175 g Mehl ♥ 2 TL Backpulver
- 3 EL Milch ♥ 5 Blatt weiße Gelatine
- 10 EL (70 g) Kokosraspel
- 2 Dosen (à 850 ml) Pfirsiche
- 250 g Mascarpone
- 350 g Magerquark
- 1 Päckchen Vanillezucker
- 250 g + 125 g Schlagsahne
- 6 „Raffaellos" (Kokoskonfekt)

1 Springform (26 cm Ø) fetten und mit Paniermehl ausstreuen. Butter, 100 g Zucker, Zitronenschale und 1 Prise Salz cremig rühren. Eier nacheinander unterrühren. Mehl und Backpulver mischen. Im Wechsel mit der Milch kurz unterrühren.

2 Teig in die Form geben und glatt streichen. Im vorgeheizten Backofen (E-Herd: 175 °C/Umluft: 150 °C/Gas: s. Hersteller) ca. 20 Minuten backen. Herausnehmen und in der Form auf einem Kuchengitter auskühlen lassen.

3 Gelatine kalt einweichen. Kokosraspel ohne Fett rösten, auskühlen lassen. Pfirsiche abtropfen lassen, Saft dabei auffangen. Pfirsiche in Spalten schneiden. Mascarpone, Quark, 100 g Zucker und Vanillezucker kurz glatt rühren.

4 ⅛ l Pfirsichsaft abmessen und erwärmen. Ausgedrückte Gelatine darin auflösen. 2 EL Quarkcreme einrühren, dann unter die übrige Creme rühren. Kokosraspel, bis auf 4 EL, unterrühren. 250 g Sahne steif schlagen und unter die Kokoscreme heben.

5 Tortenboden aus der Form lösen, auf eine Tortenplatte setzen. Formrand darumschließen. Boden dünn mit Creme bestreichen. Mit ⅔ Pfirsichspalten belegen. Übrige Creme daraufstreichen. Mind. 5 Stunden kalt stellen.

6 Formrand lösen. 125 g Sahne steif schlagen, 1 TL Zucker dabei einrieseln lassen. In einen Spritzbeutel mit Sterntülle füllen. Torte mit Sahnetuffs, halbierten „Raffaellos", Rest Pfirsichen und Kokosraspeln verzieren.

ZUBEREITUNGSZEIT ca. 1 ½ Std. + Wartezeit mind. 6 Std.
STÜCK ca. 440 kcal
E 8 g · F 28 g · KH 36 g

Lässt sich gut einfrieren

Minitörtchen „Frankfurter Kranz“

ZUTATEN FÜR 12 STÜCK

- 1 Päckchen Vanillepuddingpulver
- 75 g + 150 g Zucker
- 100 ml + 400 ml + 5 EL Milch
- 150 g + 250 g weiche Butter
- 1 Päckchen Vanillezucker
- Salz ♥ 5 Eier (Gr. M) ♥ 300 g Mehl
- 50 g Speisestärke ♥ ½ Päckchen Backpulver
- 200 g Aprikosenkonfitüre
- 12 Belegkirschen zum Verzieren
- 50 g Haselnusskrokant
- 12 Papierbackförmchen (5 cm Ø)

1 Mulden eines Muffinblechs (für 12 Stück) mit Papierförmchen auslegen. Puddingpulver, 75 g Zucker und 100 ml Milch verrühren. 400 ml Milch aufkochen. Puddingpulver einrühren und unter Rühren ca. 1 Minute köcheln. Auskühlen lassen und dabei mehrmals umrühren.

2 150 g Butter, 150 g Zucker, Vanillezucker und 1 Prise Salz mind. 5 Minuten cremig rühren. Eier einzeln unterrühren. Mehl, Stärke und Backpulver mischen, im Wechsel mit 5 EL Milch kurz unterrühren. Teig in die Förmchen streichen. Im vorgeheizten Backofen (E-Herd: 175 °C/Umluft: 150 °C/Gas: s. Hersteller) ca. 25 Minuten backen. Auskühlen lassen.

3 250 g weiche Butter mit den Schneebesen des Rührgerätes ca. 15 Minuten cremig aufschlagen. Pudding kurz durchrühren. Löffelweise mit dem Rührgerät unter die Butter schlagen.

4 Konfitüre glatt rühren. Muffins aus den Papierförmchen lösen, 1 x waagerecht halbieren. Konfitüre auf den unteren Boden streichen. ⅔ Buttercreme als große Kleckse darauf verteilen. Muffindeckel darauflegen, leicht andrücken. Übrige Buttercreme auf die Muffindeckel streichen. Belegkirschen in Scheiben oder Spalten schneiden. Muffins mit Krokant und Kirschen verzieren. Ca. 1 Stunde kalt stellen.

ZUBEREITUNGSZEIT ca. 2 Std. + Wartezeit ca. 3 Std.
STÜCK ca. 580 kcal
E 8 g · F 33 g · KH 59 g

Lassen sich ohne Füllung gut einfrieren

Weißes Schokoherz

ZUTATEN FÜR CA. 24 STÜCKE

- Fett und Mehl für die Form
- 250 g weiche + 60 g kalte Butter
- 250 g + 25 g Zucker
- 3 Päckchen Vanillezucker ♥ Salz
- 5 Eier + 2 Eigelb (Gr. M)
- ¼ l Eierlikör
- 250 g + 100 g + etwas Mehl
- 3 gestrichene TL + 1 Msp. Backpulver
- 1 TL Schlagsahne oder Milch
- 1 Tube (50 g) weiße Zuckerschrift
- 1 Beutel (150 g) Schoko-Dekorcreme (z. B. Nussnougat)
- 250–400 g weiße Kuvertüre
- evtl. Schoko-Dekorherzen zum Verzieren
- Backpapier

1 Herzform (ca. 29 cm Ø; ca. 2½ l Inhalt) fetten und mit Mehl ausstäuben. 250 g Butter, 250 g Zucker, 2 Päckchen Vanillezucker und 1 Prise Salz cremig rühren. 5 Eier und Likör nach und nach unterrühren. 250 g Mehl und 3 TL Backpulver mischen, kurz unterrühren. In die Form streichen. Im vorgeheizten Ofen (E-Herd: 175 °C/Umluft: 150 °C/ Gas: s. Hersteller) ca. 50 Minuten backen (evtl. nach ca. 30 Minuten abdecken). Ca. 10 Minuten abkühlen, aus der Form stürzen und auskühlen lassen.

2 Für den Mürbeteig 100 g Mehl, 25 g Zucker, 1 Päckchen Vanillezucker, 1 Prise Salz, 1 Msp. Backpulver, 1 Eigelb und 60 g Butter in Stückchen erst mit dem Rührgerät, dann kurz mit den Händen verkneten. Zugedeckt ca. 30 Minuten kalt stellen.

3 Ein Backblech mit Backpapier auslegen. Mürbeteig auf etwas Mehl ca. 3 mm dick ausrollen. Unterschiedlich große Herzen ausstechen und aufs Blech legen. 1 Eigelb und Sahne verquirlen. Herzen damit bestreichen. Bei gleicher Temperatur ca. 10 Minuten backen. Auskühlen lassen. Mit Zuckerschrift und Schokocreme Namen oder Glückwünsche auf die Herzen schreiben. Trocknen lassen.

4 Kuvertüre hacken und im heißen Wasserbad schmelzen. Kuchen damit überziehen. Mit einigen Keksen verzieren. Trocknen lassen. Übrige Kekse dazulegen.

ZUBEREITUNGSZEIT ca. 2½ Std. + Wartezeit ca. 5 Std.
STÜCK ca. 380 kcal
E 6 g · F 20 g · KH 37 g

Lässt sich ohne Kekse gut einfrieren

Banana-Split-Torte mit Eierlikör

ZUTATEN FÜR CA. 16 STÜCKE

- etwas + 100 g weiche Butter
- 4 Eier (Gr. M) ♥ 150 g Zucker
- 200 g gemahlene Haselnüsse
- 1 gestrichener TL Backpulver ♥ Salz
- 1 Packung (200 g) Schoko-Nuss-Kugeln (z. B. „Rocher") ♥ 125 g Schmand
- 7 EL Eierlikör ♥ 400 g Schlagsahne
- 2 Päckchen Sahnesteif
- 3 mittelgroße reife Bananen
- 50 g Zartbitterschokolade
- 2 TL Puderzucker ♥ 1 kleiner Gefrierbeutel

1 Springform (26 cm Ø) fetten. Eier trennen. 100 g Butter und 150 g Zucker cremig rühren. Eigelb einzeln unterrühren. Nüsse und Backpulver mischen und unterrühren. Eiweiß, 1 EL kaltes Wasser und 1 Prise Salz steif schlagen und unterheben.

2 Teig in die Form streichen. Im vorgeheizten Backofen (E-Herd: 175 °C/ Umluft: 150 °C/Gas: s. Hersteller) ca. 30 Minuten backen. Herausnehmen, etwas abkühlen lassen. Aus der Form nehmen und auf einem Kuchengitter auskühlen lassen.

3 Nusskugeln mit einer Gabel zerdrücken. Schmand und 4 EL Eierlikör zugeben und alles gut verrühren. Sahne steif schlagen, dabei Sahnesteif einrieseln lassen. Unter die Pralinenmasse heben.

4 Tortenboden mit einem Löffel aushöhlen, dabei einen ca. 2 cm breiten Rand stehen lassen. Bodeninneres mit den Händen fein zerbröseln. Bananen schälen, längs halbieren und auf dem ausgehöhlten Boden verteilen. Mit 3 EL Likör beträufeln.

5 Die Pralinensahne mit einem Teigschaber leicht kuppelförmig auf die Bananen streichen. Kuchenbrösel darüberstreuen, etwas andrücken (evtl. einen Teil anderweitig verwenden). Die Torte ca. 1 Stunde kalt stellen.

6 Schokolade in Stücke teilen, in den kleinen Gefrierbeutel geben und im heißen Wasserbad schmelzen. Eine kleine Ecke abschneiden. Torte mit Schokostreifen verzieren, trocknen lassen. Mit Puderzucker bestäuben.

ZUBEREITUNGSZEIT ca. 1 ½ Std. + Wartezeit ca. 2 Std.
STÜCK ca. 420 kcal
E 6 g · F 31 g · KH 26 g

Nur der Boden lässt sich gut einfrieren

Süße Schmetterlinge

ZUTATEN FÜR 12 STÜCK

- 150 g Zartbitterschokolade
- 125 g weiche Butter ♥ Salz
- 125 g Zucker
- 1 Päckchen Vanillezucker
- 3 Eier + 1 frisches Eiweiß (Gr. M)
- 150 g Mehl
- 1 leicht gehäufter TL Backpulver
- 250 g Puderzucker
- 2 TL Zitronensaft
- rote Speisefarbe
- 3 Stück Borkenschokolade
- 24 kleine runde Kekse (z. B. „Azora“)
- 12 Papierbackförmchen (5 cm Ø)
- 1 kleiner Gefrierbeutel

1 Je 1 Papierförmchen in die Mulden eines Muffinblechs (für 12 Stück) setzen. Zartbitterschokolade in Stücke teilen, im heißen Wasserbad schmelzen. Ca. 5 Minuten abkühlen lassen.

2 Butter, 1 Prise Salz, Zucker und Vanillezucker cremig rühren. Nach und nach flüssige Schokolade, dann 3 Eier einzeln unterrühren. Mehl und Backpulver mischen, kurz unterrühren. Teig in die Papierförmchen verteilen. Im vorgeheizten Ofen (E-Herd: 175 °C/ Umluft: 150 °C/Gas: s. Hersteller) ca. 20 Minuten backen. Auskühlen lassen.

3 1 Eiweiß, Puderzucker und Zitronensaft in einem hohen Rührbecher mit dem Rührgerät cremig schlagen, bis es glänzend ist. 2 EL Guss in den Gefrierbeutel füllen. Rest mit Speisefarbe rosa färben und auf die Muffins streichen. Ca. 5 Minuten trocknen lassen.

4 Borkenschokolade erst quer und dann längs halbieren. Je 1 Stück in die Mitte der Muffins setzen. Je 2 Kekse als Schmetterlingsflügel in den Guss drücken. Vom Gefrierbeutel eine kleine Ecke abschneiden. Auf Flügel und Muffins Punkte spritzen. Trocknen lassen.

ZUBEREITUNGSZEIT ca. 1 ¼ Std. + Wartezeit
STÜCK ca. 370 kcal
E 5 g · F 15 g · KH 50 g

Lassen sich gut einfrieren

Festliche Eierlikörtorte

ZUTATEN FÜR CA. 16 STÜCKE

- 3 Eier (Gr. M) ♥ Salz ♥ 125 g + 50 g Zucker
- 2 Päckchen Vanillezucker
- 75 g Mehl ♥ 3 EL (30 g) Kakao
- 2 gestrichene TL Backpulver
- 6 Blatt weiße Gelatine
- 400 g + 250 g Schlagsahne
- 50 ml + 150 ml Eierlikör
- 1–2 EL fein gehackte Pistazien
- 20 g Vollmilchkuvertüre
- Backpapier ♥ 1 kleiner Gefrierbeutel

1 Springform (26 cm Ø) am Boden mit Backpapier auslegen. Eier trennen. Eiweiß, 2 EL Wasser und 1 Prise Salz steif schlagen. Dabei 125 g Zucker und 1 Päckchen Vanillezucker einrieseln lassen. Eigelb einzeln darunterschlagen. Mehl, Kakao und Backpulver daraufsieben und unterheben. In die Form streichen. Im vorgeheizten Backofen (E-Herd: 175 °C/Umluft: 150 °C/Gas: s. Hersteller) ca. 20 Minuten backen. Auskühlen lassen.

2 Biskuit waagerecht halbieren. Um den unteren Boden einen Tortenring schließen. 4 Blatt Gelatine in kaltem Wasser einweichen. 400 g Sahne steif schlagen, dabei 50 g Zucker und 1 Päckchen Vanillezucker einrieseln lassen. 50 ml Eierlikör erwärmen. Gelatine ausdrücken und darin auflösen. 2–3 EL steife Sahne unterrühren und dann unter die übrige steife Sahne heben. Auf den unteren Boden streichen. Oberen Boden darauflegen und mind. 2 Stunden kalt stellen.

3 250 g Sahne steif schlagen. ⅓ Sahne auf die Torte streichen. ⅓ Sahne in einen Spritzbeutel mit kleiner Lochtülle füllen und einen Tupfenrand auf die Torte spritzen.

4 2 Blatt Gelatine in kaltem Wasser einweichen. 150 ml Likör erwärmen, Gelatine ausdrücken und darin auflösen. Ca. 5 Minuten abkühlen lassen und auf der Torte verteilen. Kuvertüre grob hacken, in den Gefrierbeutel füllen und im heißem Wasserbad schmelzen. Eine sehr kleine Ecke abschneiden und die Likörschicht mit Kreisen verzieren. Torte ca. 2 Stunden kalt stellen.

5 Die Eierlikörtorte aus dem Tortenring lösen. Tortenrand mit der übrigen Sahne einstreichen und die gehackten Pistazien andrücken.

ZUBEREITUNGSZEIT ca. 2 Std. + Wartezeit ca. 5 Std.
STÜCK ca. 280 kcal
E 5 g · F 16 g · KH 21 g

Lässt sich gut einfrieren

Möhrenkuchen

ZUTATEN FÜR CA. 12 STÜCKE

- Fett für die Form
- 250 g Möhren
- 75 g Zwieback (ca. 8 Stück)
- 5 Eier (Gr. M)
- 250 g gemahlene Mandeln (ohne Haut)
- 200 g Zucker ♥ 1 Msp. Zimt
- 1 ½ gestrichene TL Backpulver
- Salz ♥ 250 g Puderzucker
- 4–5 EL Zitronensaft
- 1 EL gehackte Pistazien
- ca. 12 Marzipanmöhrchen zum Verzieren
- evtl. 1 großer Gefrierbeutel

1 Springform (26 cm Ø) fetten. Möhren putzen, schälen, waschen, fein raspeln. Zwieback im Universalzerkleinerer fein mahlen oder in einen großen Gefrierbeutel füllen, verschließen und mit der Teigrolle fein zerbröseln.

2 Eier trennen. Mandeln, Zwiebackbrösel, Zucker, Zimt und Backpulver mischen. Mit Eigelb und Möhren gut verrühren.

3 Eiweiß und 1 Prise Salz mit den Schneebesen des Rührgerätes steif schlagen. In 2 Portionen unter den Möhrenteig heben. In die Form streichen. Kuchen im vorgeheizten Backofen (E-Herd: 175 °C/Umluft: 150 °C/Gas: s. Hersteller) ca. 30 Minuten backen.

4 Kuchen in der Form ca. 10 Minuten abkühlen lassen. Dann aus der Form lösen und mithilfe eines Kuchenhebers vom Formboden auf ein Kuchengitter setzen. Auskühlen lassen.

5 Für den Guss Puderzucker in eine Schüssel sieben und mit Zitronensaft glatt rühren. Guss gleichmäßig auf den Kuchen streichen, dabei etwas über den Rand laufen lassen. Kuchen mit Pistazien bestreuen und mit Marzipanmöhrchen verzieren. Gut trocknen lassen.

ZUBEREITUNGSZEIT ca. 1 Std. + Wartezeit ca. 2 Std.
STÜCK ca. 370 kcal
E 8 g · F 16 g · KH 47 g

Lässt sich gut einfrieren

Eierlikör-Mousse-Törtchen

ZUTATEN FÜR CA. 16 STÜCKE

- 1 l Milch ♥ 80 g + 75 g + 1–2 EL Zucker
- 2 Päckchen Vanillepuddingpulver
- 4 Eier + 2 Eigelb (Gr. M) ♥ Salz
- 1 Päckchen Vanillezucker ♥ 100 g Mehl
- 1 gehäufter EL Kakao
- 1 gestrichener TL Backpulver
- 10 Blatt weiße Gelatine
- 300 ml + ⅛ l Eierlikör ♥ 200 g Schlagsahne
- 2 EL Raspelschokolade zum Verzieren
- Backpapier

1 ¼ l Milch, 80 g Zucker und Puddingpulver und verrühren. Rest Milch aufkochen. Puddingpulver einrühren und unter Rühren ca. 1 Minute köcheln. Auskühlen lassen.

2 Ein Backblech (ca. 35 x 40 cm) mit Backpapier auslegen. 4 Eier trennen. 4 Eiweiß, 2 EL kaltes Wasser und 1 Prise Salz steif schlagen. Dabei 75 g Zucker und Vanillezucker einrieseln lassen. 6 Eigelb nacheinander darunterschlagen. Mehl, Kakao und Backpulver daraufsieben und unterheben.

3 Biskuitmasse aufs Blech streichen. Im vorgeheizten Ofen (E-Herd: 200 °C/Umluft: 175 °C/Gas: s. Hersteller) ca. 10 Minuten backen. Ein Geschirrtuch anfeuchten und mit 1–2 EL Zucker bestreuen. Biskuit daraufstürzen und das Backpapier abziehen. Geschirrtuch über die Biskuitkanten schlagen. Ca. 30 Minuten auskühlen lassen.

4 Gelatine kalt einweichen. Pudding mit dem Rührgerät glatt rühren. Gelatine ausdrücken und bei schwacher Hitze auflösen. 300 ml Likör löffelweise unterrühren. Alles unter den Pudding rühren. Ca. 15 Minuten kalt stellen, bis die Creme zu gelieren beginnt. Sahne steif schlagen und unterheben. Ca. 15 Minuten kalt stellen.

5 Hälfte Creme auf den Biskuit streichen, dabei rundherum ca. 2 cm frei lassen. Biskuit mithilfe des Geschirrtuchs aufrollen. Rest Creme in eine flache Schüssel füllen. Alles über Nacht kalt stellen.

6 Rolle in ca. 16 Scheiben schneiden. Mit zwei Esslöffeln aus der übrigen Creme Nocken abstechen und auf die Scheiben setzen. Zum Servieren mit ⅛ l Likör beträufeln und mit Raspelschokolade bestreuen.

ZUBEREITUNGSZEIT ca. 1 ¼ Std. + Wartezeit
STÜCK ca. 300 kcal
E 8 g · F 11 g · KH 30 g

Lässt sich gut einfrieren

Aprikosenschnitten

ZUTATEN FÜR CA. 20 STÜCKE

- Fett und Mehl für die Fettpfanne
- 3 Bio-Zitronen
- 400 g weiche Butter
- 350 g + 75 g Zucker
- 2 Päckchen Vanillezucker
- Salz ♥ 8 Eier (Gr. M)
- 500 g Mehl
- 1 ½ Päckchen Backpulver
- 50 g Puderzucker
- 1 Dose (850 ml) Aprikosen
- 250 g Mascarpone
- 250 g Magerquark
- ca. 75 ml Milch
- 250 g Schlagsahne

1 Eine Fettpfanne (ca. 32 x 39 cm; mind. 3,5 cm tief) fetten, mit Mehl ausstäuben. Zitronen heiß waschen und trocken reiben. Schale fein abreiben. Zitronen auspressen und 120 ml Saft abmessen.

2 Butter, 350 g Zucker, 1 Vanillezucker, Zitronenschale und 1 Prise Salz cremig rühren. Eier einzeln unterrühren. Mehl und Backpulver mischen und portionsweise kurz unterrühren. Teig auf die Fettpfanne streichen. Im vorgeheizten Backofen (E-Herd: 175 °C/ Umluft: 150 °C/Gas: s. Hersteller) ca. 25 Minuten backen.

3 Puderzucker und 100 ml Zitronensaft verrühren. Kuchen aus dem Ofen nehmen und sofort damit beträufeln. Auskühlen lassen.

4 Aprikosen abtropfen lassen, ca. 20 Hälften beiseitelegen (Rest Aprikosen und Saft anderweitig verwenden). Mascarpone, Quark, 2 EL Zitronensaft, Milch, 75 g Zucker und 1 Vanillezucker nur kurz verrühren. Sahne steif schlagen und unterheben.

5 Zitronenkuchen in ca. 20 Stücke schneiden. Jedes Stück mit 1 EL Creme und 1 Aprikosenhälfte verzieren.

ZUBEREITUNGSZEIT ca. 1 Std. + Wartezeit
STÜCK ca. 510 kcal
E 8 g · F 30 g · KH 49 g

Lässt sich prima einfrieren

Orangen-Sauerrahm-Torte

ZUTATEN FÜR CA. 16 STÜCKE

- 125 g + 75 g Mehl
- 2 gehäufte TL Backpulver
- 6 EL + 125 g + etwas Zucker
- 1 Päckchen Vanillezucker
- 5 Eier (Gr. M)
- 80 g kalte + etwas Butter
- 1 TL Zitronensaft
- 50 g Speisestärke
- 350 g Aprikosenkonfitüre
- 8 Blatt weiße Gelatine
- 150 g saure Sahne
- 125 g Puderzucker
- ⅛ l + ¼ l Orangensaft
- 500 g + 200 g Schlagsahne
- 1 Päckchen heller Tortenguss
- ca. 2–3 EL Haselnusskrokant
- evtl. Bio-Orangenecken zum Verzieren
- Backpapier

1 125 g Mehl, 1 TL Backpulver, 4 EL Zucker, Vanillezucker, 1 Ei, 80 g Butter in Stückchen und Zitronensaft glatt verkneten. Ca. 30 Minuten kalt stellen.

2 Ein Backblech (ca. 35 x 40 cm) mit Backpapier auslegen. 4 Eier trennen. Eiweiß steif schlagen. Eigelb, 4 EL warmes Wasser und 125 g Zucker cremig schlagen. 75 g Mehl, Stärke und 1 TL Backpulver daraufsieben, mitsamt Eischnee unterheben. Auf das Backblech streichen. Im vorgeheizten Ofen (E-Herd: 175 °C/Umluft: 150 °C/Gas: s. Hersteller) 10–15 Minuten backen. Ein Küchenhandtuch mit etwas Zucker bestreuen. Biskuitplatte daraufstürzen, Backpapier abziehen. Konfitüre auf den Biskuit streichen. Von der Längsseite her aufrollen. Auskühlen lassen.

3 Mürbeteig in einer gefetteten Springform (26 cm Ø) andrücken. Im heißen Ofen bei gleicher Temperatur ca. 15 Minuten backen. Auskühlen lassen.

4 Gelatine kalt einweichen. Saure Sahne und Puderzucker leicht anschlagen. ⅛ l Orangensaft einrühren. Gelatine ausdrücken, bei schwacher Hitze auflösen. 4 EL Creme einrühren, dann unter Rest Creme rühren. Ca. 10 Minuten kalt stellen, bis sie zu gelieren beginnt.

5 Tortenring um den Mürbeteig schließen. 500 g Sahne steif schlagen, unter die Creme heben. Auf den Mürbeteig streichen. Biskuitrolle in ca. 12 Scheiben schneiden. Dicht an dicht auf die Torte legen. Mind. 2 Stunden kalt stellen.

6 Tortengusspulver, 2 EL Zucker und ¼ l Orangensaft im Topf verrühren. Unter Rühren aufkochen. Etwas abkühlen lassen und gleichmäßig auf der Torte verteilen. Ca. 30 Minuten kalt stellen. 200 g Sahne steif schlagen. Tortenrand damit einstreichen, Rest als Tuffs auf die Torte spritzen. Mit Krokant und Orangenecken verzieren.

ZUBEREITUNGSZEIT ca. 2 Std. + Wartezeit ca. 4 Std.
STÜCK ca. 440 kcal
E 6 g · F 22 g · KH 52 g

Holunder-Sekt-Torte

ZUTATEN FÜR CA. 16 STÜCKE

- 3 Eier (Gr. M) ♥ Salz
- 75 g Zucker ♥ 2 Päckchen Vanillezucker
- 75 g Mehl ♥ 50 g Speisestärke
- 1 leicht gehäufter TL Backpulver
- 6 Blatt weiße Gelatine
- 100–125 ml Holunderblütensirup
- 200 ml Sekt
- 400 g + 350 g Schlagsahne
- 175 g Himbeerkonfitüre
- ca. 1 EL gemahlene Pistazien
- bunte Zuckerblümchen ♥ Backpapier

1 Eine Springform (26 cm Ø) am Boden mit Backpapier auslegen. Eier trennen. Eiweiß, 3 EL kaltes Wasser und 1 Prise Salz steif schlagen. Dabei Zucker und 1 Vanillezucker einrieseln lassen. Eigelb einzeln darunterschlagen. Mehl, Stärke und Backpulver daraufsieben und unterheben.

2 Biskuitmasse in die Form streichen. Im vorgeheizten Backofen (E-Herd: 175 °C/Umluft: 150 °C/Gas: s. Hersteller) 25–30 Minuten backen. In der Form auf dem Kuchengitter auskühlen lassen.

3 Gelatine kalt einweichen. Biskuit waagerecht halbieren. Einen Tortenring um den unteren Boden schließen. Gelatine ausdrücken und bei schwacher Hitze auflösen. Holundersirup löffelweise einrühren. Danach Sekt einrühren. Ca. 25 Minuten kalt stellen, bis die Masse zu gelieren beginnt. Dabei ab und zu umrühren. 400 g Sahne steif schlagen. Hälfte Sahne unter die Sektmasse heben. Nochmals ca. 5 Minuten kalt stellen, dann übrige Sahne unterheben. Konfitüre auf den Biskuit streichen. Sektreme darauf verteilen. Übrigen Boden darauflegen und über Nacht kalt stellen.

4 350 g Sahne und 1 Vanillezucker steif schlagen. Torte mit ⅔ Sahne einstreichen. Tortenrand mit Pistazien bestreuen. Rest Sahne als Tuffs auf die Torte spritzen. Mit Zuckerblümchen verzieren.

ZUBEREITUNGSZEIT ca. 1 ½ Std. + Wartezeit ca. 12 Std.
STÜCK ca. 260 kcal
E 4 g · F 17 g · KH 20 g

Lässt sich gut einfrieren

Prosecco-Kirsch-Torte

ZUTATEN FÜR CA. 16 STÜCKE

- 3 Eier (Gr. M) ♥ Salz ♥ 200 g Zucker
- 2 Päckchen Vanillezucker
- 75 g Mehl ♥ 50 g Speisestärke
- 2 gestrichene TL Backpulver
- 10 Blatt weiße Gelatine
- 500 g frische Süßkirschen oder 1 Glas (720 ml) Kirschen
- 500 g Vollmilchjoghurt ♥ 200 ml Prosecco
- abgeriebene Schale + 1 EL Saft von ½ Bio-Zitrone ♥ 600 g Schlagsahne
- 75 g Mandelblättchen
- ca. 16 Amarenakirschen (Glas)
- etwas Puderzucker ♥ Backpapier

1 Springform (26 cm Ø) am Boden mit Backpapier auslegen. Eier trennen. Eiweiß, 3 EL kaltes Wasser und 1 Prise Salz steif schlagen. Dabei 100 g Zucker und 1 Vanillezucker einrieseln lassen. Eigelb einzeln darunterschlagen. Mehl, Stärke und Backpulver daraufsieben, unterheben. Teig in die Form streichen. Im vorgeheizten Ofen (E-Herd: 175 °C/ Umluft: 150 °C/Gas: s. Hersteller) ca. 25 Minuten backen. Auskühlen lassen.

2 Gelatine kalt einweichen. Kirschen waschen, entstielen und entsteinen (Kirschen aus dem Glas abtropfen lassen). Joghurt, Prosecco, 100 g Zucker, Zitronenschale und -saft verrühren. Gelatine ausdrücken und bei schwacher Hitze auflösen. Erst 3 EL Creme einrühren, dann unter den Rest Creme rühren. Ca. 10 Minuten kalt stellen, bis die Creme zu gelieren beginnt.

3 Tortenboden halbieren. Tortenring um unteren Boden schließen. 250 g Sahne steif schlagen. Erst Sahne, dann Kirschen unter die Creme heben. Auf den unteren Boden streichen. 2. Boden darauflegen. Ca. 6 Stunden kalt stellen.

4 Mandeln ohne Fett rösten, auskühlen lassen. 350 g Sahne steif schlagen, dabei 1 Vanillezucker einrieseln lassen. ⅓ Sahne in einen Spritzbeutel füllen. Torte mit Rest Sahne einstreichen und mit Sahnetuffs verzieren. Einige Mandeln auf die Torte streuen, Rest an den Tortenrand drücken. Mit Amarenakirschen und Puderzucker verzieren.

ZUBEREITUNGSZEIT ca. 1 ¾ Std. + Wartezeit ca. 7 Std.
STÜCK ca. 310 kcal
E 6 g · F 17 g · KH 30 g

Saure-Sahne-Torte

ZUTATEN FÜR CA. 16 STÜCKE

- 500 g Mehl ♥ 1 gestrichener TL Backpulver
- 250 g + 1 EL + 100 g Zucker
- 3 Päckchen Vanillezucker ♥ Salz
- abgeriebene Schale + 6 EL Saft von 1 ½ Bio-Zitronen
- 2 Eier + 1 Eiweiß (Gr. M)
- 250 g kalte Butter ♥ Fett und Mehl (Form)
- 50 g Mandelblättchen
- 4 Blatt weiße Gelatine
- 400 g saure Sahne
- 200 g Schlagsahne
- Puderzucker zum Bestäuben

1 Mehl, Backpulver, 250 g Zucker, 1 Päckchen Vanillezucker, 1 Prise Salz, Schale von ½ Zitrone, 2 Eier und Butter in Stückchen in eine Schüssel geben. Alles erst mit den Knethaken des Rührgerätes, dann kurz mit den Händen glatt verkneten. Teig zugedeckt ca. 30 Minuten kalt stellen.

2 Einen Springformboden (26 cm Ø) fetten und mit Mehl bestäuben. Teig in 4 Stücke teilen. 1 Teigstück mit etwas Mehl bestäuben und auf dem Formboden ausrollen. Formrand darumschließen. Teigboden mit der Gabel mehrmals einstechen. Im vorgeheizten Backofen (E-Herd: 200 °C/Umluft: 175 °C/Gas: s. Hersteller) ca. 15 Minuten backen. Den Boden etwas abkühlen lassen und aus der Form lösen. Auf die gleiche Weise 2 weitere Böden backen.

3 Das 4. Teigstück ebenso ausrollen, Formrand darumschließen. 1 Eiweiß und 1 Prise Salz steif schlagen, dabei 1 EL Zucker einrieseln lassen. Eischnee auf den Boden streichen. Mandeln daraufstreuen. Boden 12–15 Minuten backen. Auskühlen lassen.

4 Gelatine kalt einweichen. Saure Sahne mit den Schneebesen des Rührgerätes kurz aufschlagen. 100 g Zucker, 2 Päckchen Vanillezucker, Rest Zitronenschale und -saft unterrühren. Gelatine ausdrücken, bei schwacher Hitze auflösen. Ca. 4 EL Creme unter die Gelatine rühren. Dann unter Rest Creme rühren. Ca. 30 Minuten kalt stellen, bis sie zu gelieren beginnt.

5 Sahne steif schlagen und unterheben. Creme ca. 20 Minuten kalt stellen. Sobald sie fest zu werden beginnt, ⅓ auf den 1. Boden streichen. 2. und 3. Boden nacheinander darauflegen und mit je ⅓ Creme bestreichen. Mandelboden daraufsetzen und die Torte zugedeckt 3 Tage kalt stellen. Mit Puderzucker bestäuben.

ZUBEREITUNGSZEIT ca. 2 ¼ Std. + Wartezeit ca. 2 Std. + 3 Tage
STÜCK ca. 430 kcal
E 6 g · F 22 g · KH 49 g

Lässt sich gut einfrieren

Cappuccino-Amaretto-Torte

ZUTATEN FÜR CA. 12 STÜCKE

- Fett und Semmelbrösel für die Form
- 100 g Butter
- 2 Eier + 4 Eigelb (Gr. M)
- 125 g + 175 g Zucker
- Salz ♥ 175 g Mehl
- 2 gestrichene TL Backpulver
- 100 ml Milch
- 6 Blatt weiße Gelatine
- 4 EL Kaffeepulver (instant)
- 3 EL Amaretto
- 500 g Mascarpone
- 300 g Schlagsahne
- Kakao zum Bestäuben
- evtl. Physalis zum Verzieren

1 Eine Springform (24 cm Ø) fetten und mit Semmelbröseln ausstreuen. Butter bei schwacher Hitze schmelzen. 2 Eier, 125 g Zucker und 1 Prise Salz mit den Schneebesen des Rührgerätes ca. 8 Minuten schaumig schlagen. Mehl und Backpulver daraufsieben und unterheben. Nacheinander Milch und flüssige Butter kurz unterrühren.

2 Teig in die Springform füllen und glatt streichen. Im vorgeheizten Backofen (E-Herd: 175 °C/ Umluft: 150 °C/ Gas: s. Hersteller) ca. 25 Minuten backen. Auf einem Kuchengitter auskühlen lassen. Anschließend aus der Form lösen und den Tortenboden 2 x waagerecht durchschneiden.

3 Jeweils 3 Blatt Gelatine getrennt in kaltem Wasser einweichen. 100 ml Wasser aufkochen und den Kaffee darin auflösen. 3 Blatt Gelatine ausdrücken und im heißen Kaffee auflösen. Amaretto einrühren.

4 4 Eigelb und 175 g Zucker mit den Schneebesen des Rührgerätes cremig schlagen. Mascarpone kurz unterrühren. Rest Gelatine ausdrücken, bei schwacher Hitze auflösen. 2 EL Creme einrühren, dann unter die restliche Creme rühren. Sahne steif schlagen und unterheben.

5 Springformrand oder Tortenring um den unteren Boden legen. Mit ⅓ Kaffeemischung beträufeln. ⅓ Mascarponecreme daraufstreichen. Den Vorgang mit dem 2. und 3. Boden wiederholen. Torte mind. 3 Stunden kalt stellen. Nach Belieben zusätzlich ca. 1 Stunde ins Gefrierfach stellen. Vorm Servieren mit Kakao bestäuben und mit Physalis verzieren.

ZUBEREITUNGSZEIT ca. 1 ¼ Std. + Wartezeit mind. 4 Std.
STÜCK ca. 530 kcal
E 8 g · F 36 g · KH 40 g

Lässt sich gut einfrieren

Aprikosen-Eierlikör-Torte

ZUTATEN FÜR CA. 16 STÜCKE

- Fett für die Form
- 100 g Zartbitterschokolade
- 200 g gemahlene Haselnüsse
- 1 gehäufter TL Backpulver
- 3 Eier (Gr. M) ♥ 75 g weiche Butter
- 75 g Zucker
- 3 EL Milch ♥ Salz
- 8 Blatt weiße Gelatine
- 1 Dose (425 ml) Aprikosen
- ¼ l + 2 EL Eierlikör
- 600 g Schlagsahne
- 2 Päckchen Vanillezucker
- 1 Packung (125 g) Nussnougat-Waffelröllchen oder 2 Packungen (à 100 g) Waffelröllchen mit Schokolade

1 Springform (26 cm Ø) fetten. Von der Schokolade mit einem Sparschäler ein paar Späne zum Verzieren abziehen. Rest Schokolade fein reiben.

2 Geriebene Schokolade, Nüsse und Backpulver mischen. Eier trennen. Butter und Zucker cremig rühren. Eigelb einzeln, dann Nussmischung und Milch unterrühren. Eiweiß und 1 Prise Salz steif schlagen. ⅓ davon unter den Teig rühren, Rest unterheben. In die Form streichen. Im vorgeheizten Ofen (E-Herd: 200 °C/Umluft: 175 °C/Gas: s. Hersteller) ca. 20 Minuten backen. In der Form auskühlen lassen.

3 Gelatine kalt einweichen. Aprikosen abtropfen lassen. 6 EL Likör (von ¼ l) leicht erwärmen. Gelatine ausdrücken, darin auflösen. Unter übrigen Likör rühren. Ca. 5 Minuten kalt stellen, bis er zu gelieren beginnt. Sahne steif schlagen, dabei Vanillezucker einrieseln lassen. Unter den Likör heben.

4 Tortenring um den Tortenboden schließen. 8 EL Creme daraufstreichen. Waffeln schräg darauf an den Rand des Tortenrings setzen. Aprikosen mit Wölbung nach oben auf dem Boden verteilen, dabei ca. 1 cm Platz zu den Waffeln lassen. Rest Creme daraufstreichen. Mind. 3 Stunden kühlen. Mit 2 EL Likör und Schokospänen verzieren.

ZUBEREITUNGSZEIT ca. 1 ¼ Std. + Wartezeit mind. 4 Std.
STÜCK ca. 430 kcal
E 7 g · F 30 g · KH 25 g

Lässt sich gut einfrieren

Erdbeer-Crumble-Törtchen

ZUTATEN FÜR 4 FÖRMCHEN (8 STÜCKE)

- Fett für die Förmchen
- 500 g Erdbeeren
- 300 g Mehl • 150 g Zucker
- 1 Päckchen Vanillezucker
- Salz • 150 g weiche Butter
- 1 Ei (Gr. M)
- ca. 4 EL Semmelbrösel
- Puderzucker zum Bestäuben

1 Vier Tartelettförmchen mit Hebeboden (à 12,5 cm Ø; ca. 3 cm hoch) fetten. Erdbeeren waschen, putzen und in Stücke schneiden.

2 Mehl, Zucker, Vanillezucker und 1 Prise Salz in einer Schüssel mischen. Butter, Ei und evtl. 1 EL kaltes Wasser zufügen. Alles erst mit den Knethaken des Rührgerätes, dann kurz mit den Händen zu Streuseln verkneten.

3 Gut die Hälfte Streuselteig in die Förmchen verteilen und als Boden und Rand andrücken. Auf jeden Boden ca. 1 EL Semmelbrösel streuen und die Erdbeeren darauf verteilen. Die übrigen Streusel daraufstreuen, dabei zwischen den Fingern zerreiben.

4 Im vorgeheizten Backofen (E-Herd: 200 °C/Umluft: 175 °C/Gas: s. Hersteller) 40–45 Minuten backen. In den Förmchen abkühlen lassen. Törtchen aus den Förmchen lösen, mit Puderzucker bestäuben und lauwarm oder kalt servieren. Dazu schmeckt Vanilleeis.

ZUBEREITUNGSZEIT ca. 1 ¼ Std.
STÜCK ca. 400 kcal
E 6 g · F 17 g · KH 54 g

FÜR EINE GROSSE TARTE

Einfach Teig und Erdbeeren in einer Springform (26 cm Ø) oder Tarteform mit Hebeboden verteilen. Die Streusel dabei am Rand hochdrücken. Die Backzeit bleibt gleich.
Immer wenn Sie Erdbeeren mitbacken, sollten diese frisch und fest sein. Denn weiche würden bei den hohen Temperaturen im Ofen zu stark saften und den Teig durchfeuchten.

Mohn-Streuselschnecken

ZUTATEN FÜR CA. 15 STÜCK

- 500 g + 400 g + etwas Mehl
- 75 g + 175 g Zucker ♥ Salz
- 200 ml Milch ♥ 1 Würfel (42 g) Hefe
- 3 Eier + 2 Eigelb (Gr. M)
- 50 g + 250 g weiche Butter
- 3 Päckchen Vanillezucker
- 2 Beutel (à 250 g) „Mohn-Back" (backfertige Mohnfüllung)
- 250 g Puderzucker ♥ Backpapier
- 1 kleiner Gefrierbeutel

1 500 g Mehl, 75 g Zucker und 1 Prise Salz mischen. Milch lauwarm erwärmen. Hefe hineinbröckeln, darin auflösen. Hefemilch, 1 Ei und 50 g Butter in Stückchen zur Mehlmischung geben und mit dem Rührgerät glatt verkneten. Zugedeckt an einem warmen Ort ca. 45 Minuten gehen lassen.

2 Drei Backbleche mit Backpapier auslegen. 400 g Mehl, 175 g Zucker, Vanillezucker, 1 Prise Salz, 250 g Butter in Stückchen und 1 Eigelb erst mit dem Rührgerät und dann kurz mit den Händen zu Streuseln verkneten.

3 „Mohn-Back" und 2 Eier verrühren. Hefeteig nochmals gut durchkneten und auf etwas Mehl zu einem Quadrat (ca. 42 x 42 cm) ausrollen. Die Mohnmasse dünn daraufstreichen, dabei rundherum ca. 1,5 cm Rand frei lassen. Teigplatte aufrollen.

4 Rolle mit einem scharfen Messer in ca. 15 Scheiben schneiden. Messer dabei immer wieder in Mehl tauchen. Je 5 Mohnschnecken mit genügend Abstand auf die Bleche legen. Am warmen Ort ca. 45 Minuten gehen lassen.

5 1 Eigelb und 2 EL Wasser verquirlen. Schnecken vorsichtig damit bestreichen. Streusel daraufstreuen, dabei zwischen den Fingern zerreiben. Nacheinander im vorgeheizten Backofen (E-Herd: 225 °C/Umluft: 200 °C/Gas: s. Hersteller) 12–14 Minuten backen. Schnecken auskühlen lassen.

6 Puderzucker und 3–4 EL Wasser verrühren. In den Gefrierbeutel füllen und unten eine kleine Ecke abschneiden. Schnecken mit Gussstreifen verzieren. Trocknen lassen.

ZUBEREITUNGSZEIT ca. 50 Min. + Gehzeit ca. 1 ½ Std. + Wartezeit
STÜCK ca. 660 kcal
E 12 g · F 25 g · KH 93 g

Lassen sich gut einfrieren

Pudding-Kopenhagener

ZUTATEN FÜR 12 STÜCK

- 400 ml Milch
- 2 gehäufte EL Zucker
- 1 Päckchen Vanillepuddingpulver
- 2 Rollen (à 270 g) frischer Blätterteig (à ca. 24 x 42 cm; Kühlregal)
- 1 Ei (Gr. M)
- 150 g Kirschkonfitüre
- 1 EL Schlagsahne oder Milch
- 150 g Aprikosenkonfitüre
- Frischhaltefolie
- Backpapier

1 100 ml Milch, Zucker und Puddingpulver verrühren. 300 ml Milch aufkochen. Puddingpulver einrühren und unter Rühren mind. 1 Minute köcheln. In eine Schüssel füllen und Frischhaltefolie direkt auf den Pudding legen. 30 Minuten abkühlen lassen.

2 Backblech mit Backpapier auslegen. 1 Teigrolle ca. 10 Minuten bei Raumtemperatur ruhen lassen. Dann entrollen und der Länge nach halbieren. Jede Hälfte in 3 Quadrate schneiden und aufs Blech legen. Ei trennen. Eiweiß verquirlen. Ecken der Quadrate damit bestreichen. Die Ecken zur Mitte hin umklappen und leicht andrücken.

3 Pudding mit dem Schneebesen durchrühren. Je 1 Streifen Pudding in die Mitte der Teigstücke und rechts und links davon je 1 TL Kirschkonfitüre geben. Eigelb und Sahne verquirlen. Teigränder damit bestreichen. Im vorgeheizten Ofen (E-Herd: 200 °C/Umluft: 175 °C/Gas: s Hersteller) ca. 20 Minuten backen.

4 2. Teigrolle ebenso wie die 1. verarbeiten, dabei Aprikosenkonfitüre verwenden. Kopenhagener ebenso backen. Alles auskühlen lassen.

ZUBEREITUNGSZEIT ca. 1 ¼ Std. + Wartezeit
STÜCK ca. 310 kcal
E 4 g · F 16 g · KH 35 g

KLEINE „FALTSCHULE“: *Für Kopenhagener die Ecken der Teigquadrate ca. 4 cm nach innen zur Mitte hin umklappen*

Macadamia-Tarteletts

ZUTATEN FÜR 9 STÜCK

- Fett und Mehl für die Förmchen
- 250 g + 1 gehäufter EL + etwas Mehl
- 75 g + 200 g Zucker
- Salz ♥ 3 Eier (Gr. M) ♥ 75 g kalte Butter
- 125 g ungesalzene Macadamianusskerne
- 25 g heller Zuckerrübensirup
- 1 Päckchen Vanillezucker
- ½ gestrichener TL Backpulver
- 150 g gemahlene Mandeln (mit Haut)
- 150 g Puderzucker ♥ 3–4 EL Zitronensaft

1 Neun Tartelettförmchen mit Hebeboden (10 cm Ø) fetten und mit Mehl ausstäuben. 250 g Mehl, 75 g Zucker, 1 Prise Salz, 1 Ei und Butter in Stückchen erst mit dem Rührgerät, dann kurz mit den Händen glatt verkneten. Auf etwas Mehl zur Rolle (ca. 27 cm lang) formen, in 9 Scheiben schneiden. Jede Scheibe zum Kreis (ca. 14 cm Ø) ausrollen. Förmchen damit auslegen, dabei am Rand in die Rillen drücken. Teigböden mit einer Gabel öfter einstechen. Ca. 30 Minuten kalt stellen.

2 Macadamianüsse grob hacken und ohne Fett rösten. Auskühlen lassen. Ca. 50 g zum Verzieren beiseitelegen. Tarteletts im vorgeheizten Ofen (E-Herd: 225 °C/Umluft: 200 °C/Gas: s. Hersteller) ca. 10 Minuten vorbacken.

3 Sirup, 2 Eier, 200 g Zucker, Vanillezucker und 1 Prise Salz ca. 8 Minuten dickschaumig schlagen. 1 gehäuften EL Mehl, Backpulver und Mandeln mischen, darunterheben. Macadamias mit einem Teigschaber darunterziehen. Tarteletts aus dem Ofen nehmen, Nussmasse darin verteilen. Im heißen Ofen bei gleicher Temperatur ca. 20 Minuten weiterbacken. Auskühlen lassen.

4 Puderzucker und Zitronensaft verrühren. Tarteletts damit bestreichen. Mit den übrigen Macadamianüssen bestreuen. Trocknen lassen.

ZUBEREITUNGSZEIT ca. 1 ½ Std. + Wartezeit
STÜCK ca. 600 kcal
E 9 g · F 28 g · KH 75 g

Lassen sich gut einfrieren

Liebesknochen mit Mokkacreme

ZUTATEN FÜR CA. 12 STÜCK

- 1 Päckchen Karamellpuddingpulver
- 5 EL + 300 ml + ⅛ l Milch
- 6 EL Zucker
- 1–2 EL Kaffeepulver (instant)
- 75 g Butter ♥ Salz
- 200 g Mehl
- 5 Eier (Gr. M)
- 200 g Schlagsahne
- 100 g Zartbitterschokolade
- Puderzucker zum Bestäuben
- Backpapier
- 1 Gefrierbeutel

1 Puddingpulver und 5 EL Milch glatt rühren. 300 ml Milch, Zucker und Kaffee aufkochen. Puddingpulver einrühren. Aufkochen und ca. 1 Minute köcheln. Auskühlen lassen.

2 ⅛ l Wasser, ⅛ l Milch, Butter und 1 Prise Salz aufkochen. Mehl auf einmal zufügen und mit einem Kochlöffel so lange rühren, bis sich der Teig als Kloß vom Topfboden löst. Topf vom Herd ziehen. Sofort 1 Ei unterrühren. Ca. 10 Minuten abkühlen lassen, dann übrige Eier einzeln unterkneten.

3 Masse in einen Spritzbeutel mit großer Sterntülle füllen. Ca. 12 Streifen (à ca. 9 cm Länge) auf zwei mit Backpapier ausgelegte Backbleche spritzen. Wasser in einer ofenfesten Form in den Ofen stellen. Nacheinander im vorgeheizten Ofen (E-Herd: 200 °C/Umluft: 175 °C/Gas: s. Hersteller) ca. 25 Minuten backen. Evtl. nach 20 Minuten abdecken. Liebesknochen sofort waagerecht mit einer Schere aufschneiden und auskühlen lassen.

4 Pudding glatt rühren. Sahne steif schlagen und unterheben. Creme in einen Spritzbeutel mit Lochtülle füllen und auf die unteren Gebäckhälften spritzen. Deckel daraufsetzen.

5 Schokolade in Stücke teilen. In den Gefrierbeutel geben und im heißen Wasserbad schmelzen. Vom Beutel eine kleine Ecke abschneiden und die Liebesknochen mit Schokostreifen verzieren. Trocknen lassen. Mit Puderzucker bestäuben.

ZUBEREITUNGSZEIT ca. 2 Std. + Wartezeit
STÜCK ca. 300 kcal
E 7 g · F 18 g · KH 26 g

Pastéis de nata (Puddingtörtchen)

ZUTATEN FÜR 12 STÜCK

- 5 Eigelb (Gr. M)
- 250 g Schlagsahne
- 100 g + evtl. 6 TL Zucker
- Mark von 1 Vanilleschote
- Salz
- 1 TL (5 g) Speisestärke
- 1 Rolle (270 g) frischer Blätterteig (ca. 24 x 42 cm; Kühlregal)
- Fett für das Muffinblech
- Mehl für die Arbeitsfläche

1 Eigelb, Sahne, 100 g Zucker, Vanillemark, 1 Prise Salz und Stärke in einer Metallschüssel glatt rühren. Im heißen Wasserbad mit den Schneebesen des Rührgerätes ca. 7 Minuten dickcremig rühren. Etwas abkühlen lassen.

2 Inzwischen Teig bei Raumtemperatur ca. 10 Minuten ruhen lassen. Ein Muffinblech (für 12 Stück) fetten. Teig entrollen und auf wenig Mehl größer (ca. 32 x 42 cm) ausrollen. 12 Kreise (à ca. 10 cm Ø) ausstechen, in die Mulden des Bleches legen, am Rand andrücken.

3 Vanillecreme in die Mulden verteilen. Törtchen im vorgeheizten Backofen (E-Herd: 200 °C/Umluft: 175 °C/Gas: s. Hersteller) ca. 20 Minuten goldbraun backen.

4 Törtchen nach Belieben mit jeweils ½ TL Zucker bestreuen und unter dem heißem Grill des Backofens oder mit einem Gasbrenner karamellisieren.

ZUBEREITUNGSZEIT ca. 50 Min.
STÜCK ca. 230 kcal
E 3 g · F 16 g · KH 16 g

EINFÜLLHILFE: *Muffinblech mit Teig auslegen und Puddingcreme mit einer Soßenkelle darin verteilen*

Limetten-Baisertörtchen

ZUTATEN FÜR 6 STÜCK

- 150 g + etwas Mehl • Salz
- 1 EL + 150 g + 100 g Zucker
- 100 g kalte + etwas + 1 EL Butter
- 6 Limetten (davon 2 bio)
- 60 g Speisestärke • 3 Eier (Gr. M)
- Puderzucker zum Bestäuben
- Backpapier
- Hülsenfrüchte zum Blindbacken

1 150 g Mehl, 1 Prise Salz, 1 EL Zucker, 5–6 EL kaltes Wasser und 100 g Butter in Stückchen verkneten. 30 Minuten kalt stellen.

2 Sechs Torteletteförmchen (12 cm Ø) mit Hebeboden fetten. Teig auf etwas Mehl ausrollen und 6 Kreise (à ca. 15 cm Ø) ausschneiden. Tortelettförmchen damit auslegen. Teig mit Backpapier und Hülsenfrüchten belegen. Im vorgeheizten Ofen (E-Herd: 225 °C/Umluft: 200 °C/Gas: s. Hersteller) 10–15 Minuten backen. Hülsenfrüchte und Papier entfernen, ca. 5 Minuten weiterbacken.

3 Bio-Limetten waschen, trocken tupfen und die Schale abreiben. Alle Limetten auspressen. Saft, bis auf 1 TL, mit Wasser auf ½ l auffüllen. Mit Limettenschale, 150 g Zucker und 1 EL Butter aufkochen. Stärke und 6 EL Wasser anrühren, Saft damit binden.

4 Eier trennen. Eigelb und 2 EL heiße Limettencreme verrühren, unter die übrige Creme rühren. In die Törtchen füllen, 30 Minuten kalt stellen.

5 Eiweiß und 1 TL Limettensaft steif schlagen. Dabei 100 g Zucker einrieseln lassen. Auf die Creme verteilen. Im Backofen (E-Herd: 200 °C/Umluft: 175 °C/Gas: s. Hersteller) 5–10 Minuten backen. Auskühlen lassen. Mit Puderzucker bestäuben.

ZUBEREITUNGSZEIT ca. 1 Std. + Wartezeit
STÜCK ca. 480 kcal
E 7 g · F 18 g · KH 70 g

Aprikosen-Tassenstrudel

ZUTATEN FÜR 8 STÜCK

- etwas + 2 EL Butter
- 1 Packung (120 g) Strudelteig (Kühlregal)
- 100 g gehackte Mandeln
- 1 Dose (850 ml) Aprikosen
- 200 g Marzipanrohmasse

1 Acht ofenfeste Tassen (à ca. 175 ml Inhalt) fetten. Strudelteigblätter bei Raumtemperatur ca. 10 Minuten ruhen lassen. Mandeln ohne Fett rösten, auskühlen lassen. Aprikosen gut abtropfen lassen, fein würfeln. Marzipan grob raspeln und mit Aprikosen und Mandeln mischen.

2 2 EL Butter bei schwacher Hitze schmelzen. 1 Teigblatt auf ein trockenes Geschirrtuch legen und mit etwas flüssiger Butter bestreichen. 2. Teigblatt darauflegen. Teig vierteln, sodass gleich große Quadrate (à ca. 15 x 15 cm) entstehen.

3 Vier Tassen mit je 1 Teigquadrat auslegen und den Teig dabei am Rand vorsichtig andrücken. Hälfte der Aprikosen-Marzipan-Füllung darin verteilen. Überstehenden Teig jeweils bis zur Mitte darüberklappen und zusammendrücken. Aus übrigen Teigblättern und Füllung auf gleiche Weise 4 weitere Tassenstrudel vorbereiten.

4 Alle Tassen auf ein Backblech stellen. Im vorgeheizten Ofen (E-Herd: 200 °C/ Umluft: 175 °C/Gas: s. Hersteller) auf der untersten Schiene ca. 20 Minuten backen. Etwas abkühlen lassen und evtl. aus den Tassen stürzen. Dazu schmeckt Vanillesoße.

ZUBEREITUNGSZEIT ca. 1 Std. + Wartezeit
STÜCK ca. 310 kcal
E 6 g · F 17 g · KH 30 g

SCHNELL VARIIERT

Statt mit Aprikosen schmecken die Strudel auch mit frischen Äpfeln lecker. Dafür 500 g Äpfel schälen und fein würfeln. Mit 1 Päckchen Vanillezucker und etwas Zimt mischen. Mit den übrigen Zutaten in die Tassen füllen.

SAISONKALENDER

Lecker, frisch und gesund – greifen Sie zu Obst aus heimischem Anbau. Es wird reif geerntet und schmeckt deshalb besonders aromatisch. Aber Südfrüchte und Exoten sind natürlich auch erlaubt

OBST	JAN.	FEB.	MÄRZ	APRIL	MAI	JUNI	JULI	AUG.	SEP.	OKT.	NOV.	DEZ.
ÄPFEL												
APRIKOSEN												
BIRNEN												
BROMBEEREN												
ERDBEEREN												
HEIDELBEEREN												
HIMBEEREN												
JOHANNISBEEREN												
KIRSCHEN, SÜSS												
KIRSCHEN, SAUER												
PFIRSICHE/NEKTARINEN												
PFLAUMEN/ZWETSCHEN												
RHABARBER												
STACHELBEEREN												
WASSER-/ZUCKERMELONEN												
WEINTRAUBEN												

OBST (NUR IMPORT)	JAN.	FEB.	MÄRZ	APRIL	MAI	JUNI	JULI	AUG.	SEP.	OKT.	NOV.	DEZ.
APFELSINEN												
BANANEN												
ZITRONEN												
MANGOS												

Monate geringen Angebots – höhere Preise

Monate steigenden/fallenden Angebots

Monate starken Angebots – geringere Preise

Überwiegend aus heimischem Freilandanbau

SOMMER

Zeit für frische Beeren und Kirschen aus dem Garten oder vom Markt! Verwöhnen Sie Ihre Lieben mit saftigen Obstkuchen oder gekühlten Leckereien

BEERENKUCHEN 52

KÜHLE TORTEN 64

KIRSCHKUCHEN 72

PFIRSICH & APRIKOSE 82

Puddingtarte mit Heidelbeeren

ZUTATEN FÜR CA. 12 STÜCKE

- 250 g + etwas Mehl
- 50 g + 50 g + 2 EL Zucker ♥ Salz
- 125 g kalte Butter ♥ 1 Ei (Gr. M)
- Fett für die Form ♥ 400 ml Milch
- 1 Päckchen Vanillepuddingpulver
- 50 g gemahlene Mandeln (ohne Haut)
- 200 g Schmand ♥ 2 Päckchen Sahnesteif
- 150 g Brombeeren ♥ 300 g Heidelbeeren
- 1 Päckchen klarer Tortenguss
- Backpapier
- ca. 500 g Trockenerbsen zum Blindbacken

1 250 g Mehl, 50 g Zucker, 1 Prise Salz, Butter in Stückchen und Ei erst mit dem Rührgerät und dann kurz mit den Händen glatt verkneten. Teig ca. 1 Stunde kalt stellen.

2 Rechteckige (20 x 29 cm) oder runde (28 cm Ø) Tarteform mit Hebeboden fetten. Mürbeteig auf etwas Mehl rechteckig (ca. 24 x 33 cm) bzw. rund (ca. 32 cm Ø) ausrollen. Tarteform damit auslegen, Teig dabei am Rand in die Rillen drücken. Den Teigboden mit einer Gabel mehrmals einstechen.

3 Ein großes Stück Backpapier auf den Teig legen. Trockenerbsen darauffüllen. Tarte im vorgeheizten Ofen (E-Herd: 200 °C/Umluft: 175 °C/Gas: s. Hersteller) ca. 25 Minuten backen. Backpapier samt Trockenerbsen entfernen. Tarte in der Form auskühlen lassen.

4 100 ml Milch, Puddingpulver und 50 g Zucker verrühren. Rest Milch aufkochen, Puddingpulver einrühren und ca. 1 Minute köcheln. Mandeln unterrühren. Pudding auskühlen lassen, ab und zu umrühren.

5 Schmand und Sahnesteif verrühren. Sofort unter den Pudding heben. Auf den Tarteboden streichen und ca. 1 Stunde kalt stellen.

6 Beeren verlesen und waschen. Gusspulver und 2 EL Zucker mischen. ¼ l Wasser einrühren. Unter Rühren aufkochen. Beeren unterheben und alles auf der Tarte verteilen. Ca. 30 Minuten kalt stellen.

ZUBEREITUNGSZEIT ca. 1 ½ Std. + Wartezeit ca. 4 Std.
STÜCK ca. 340 kcal
E 5 g · F 17 g · KH 40 g

Brownie-Torte mit zweierlei Beeren

ZUTATEN FÜR CA. 16 STÜCKE

- Fett und Mehl für die Form
- 250 g Zartbitterschokolade
- 100 g Walnusskerne
- 125 g Butter
- 175 g Zucker (z. B. feiner brauner)
- 3 Päckchen Vanillezucker
- Salz ♥ 3 Eier (Gr. M)
- 75 g Crème fraîche ♥ 75 g Mehl
- 1 leicht gehäufter TL Natron
- 500 g Erdbeeren
- 200 g Heidelbeeren
- 400 g Schlagsahne
- 2 Päckchen Sahnesteif

1 Springform (26 cm Ø) fetten und mit Mehl ausstäuben. Schokolade und Nüsse getrennt grob hacken. Butter würfeln und mit 125 g Schokolade im heißen Wasserbad schmelzen. Zucker, 1 Päckchen Vanillezucker und 1 Prise Salz einrühren. Masse ca. 5 Minuten abkühlen lassen.

2 Eier einzeln unter die Butter-Schoko-Masse rühren. Crème fraîche unterrühren. Mehl und Natron vermischen und kurz unterrühren. Nüsse und Rest Schokolade unterheben. In die Form streichen. Im vorgeheizten Backofen (E-Herd: 175 °C/Umluft: 150 °C/Gas: s. Hersteller) ca. 40 Minuten backen (der Tortenboden bleibt innen saftig und etwas feucht). Vom Formrand lösen, in der Form auskühlen lassen.

3 Erdbeeren waschen, putzen, je nach Größe halbieren oder vierteln. Heidelbeeren verlesen, waschen. Sahne steif schlagen, dabei 2 Päckchen Vanillezucker und Sahnesteif einrieseln lassen.

4 Tortenboden aus der Form lösen. Auf eine Tortenplatte setzen und einen Tortenring darumschließen. Sahne daraufstreichen. Beeren mischen und darauf verteilen. Dabei etwas in die Sahne drücken, damit sie genügend Halt bekommen.

ZUBEREITUNGSZEIT ca. 1 ½ Std. + Wartezeit ca. 1 Std.
STÜCK ca. 380 kcal
E 5 g · F 26 g · KH 28 g

Fruchtige Vanille-Cremeschnitten

ZUTATEN FÜR CA. 24 STÜCKE

- Fett und Mehl für die Fettpfanne
- 250 g weiche Butter
- 275 g + 75 g + 1 EL Zucker
- 1 Päckchen Vanillezucker
- Salz ♥ 5 Eier (Gr. M)
- abgeriebene Schale und Saft von 1 Bio-Zitrone
- 300 g Mehl
- 3 gestrichene TL Backpulver
- 5 frische (ca. 500 g) oder 1 Dose (850 ml) Pfirsiche
- je 250 g Him- und Heidelbeeren
- 1 kg Magerquark
- 500 g Schlagsahne
- 2 Päckchen Vanillesoßenpulver (ohne Kochen; für je ¼ l Milch)
- 1 Päckchen klarer Tortenguss

1 Eine Fettpfanne (ca. 32 x 39 cm; ca. 3,5 cm tief) fetten und mit Mehl ausstäuben. Butter, 275 g Zucker, Vanillezucker und 1 Prise Salz cremig rühren. Eier einzeln unterrühren. Zitronenschale und -saft dazugeben. Mehl und Backpulver mischen und portionsweise kurz unterrühren.

2 Teig auf die Fettpfanne streichen. Im vorgeheizten Ofen (E-Herd: 175 °C/ Umluft: 150 °C/Gas: s. Hersteller) ca. 20 Minuten backen. Auskühlen lassen.

3 Frische Pfirsiche kreuzweise einritzen und mit kochendem Wasser überbrühen. Dann kalt abschrecken und die Haut abziehen (Dosenfrüchte abtropfen lassen). Pfirsiche halbieren, entsteinen und in mundgerechte Stücke schneiden. Beeren verlesen, waschen und abtropfen lassen.

4 Quark, flüssige Sahne und 75 g Zucker mit den Schneebesen des Rührgerätes verrühren. Soßenpulver zufügen und alles gut verrühren. Auf den Kuchenboden streichen. Früchte mischen, darauf verteilen und etwas in die Creme drücken.

5 Tortengusspulver und 1 EL Zucker in einem kleinen Topf mischen. Nach und nach ¼ l Wasser einrühren und unter Rühren aufkochen. Mit einem Löffel streifenartig auf den Früchten verteilen. Ca. 30 Minuten fest werden lassen.

ZUBEREITUNGSZEIT ca. 1 ½ Std. + Wartezeit ca. 1 Std.
STÜCK ca. 330 kcal
E 9 g · F 17 g · KH 33 g

Himbeer-Käsekuchen

ZUTATEN FÜR CA. 12 STÜCKE

- Fett für die Form
- 200 g Mehl
- 75 g + 125 g + 2 EL Zucker
- Salz ♥ 100 g kalte Butter
- 4 Eier (Gr. M)
- Mehl für die Arbeitsfläche
- 500 g Sahnequark
- 2 Päckchen Vanillezucker
- 40 g Weichweizengrieß
- 650 g Himbeeren
- 2 Päckchen roter Tortenguss

1 Eine Springform (26 cm Ø) fetten. Mehl, 75 g Zucker, 1 Prise Salz, Butter in Stückchen und 1 Ei erst mit dem Rührgerät und dann kurz mit den Händen glatt verkneten. Zugedeckt ca. 30 Minuten kalt stellen.

2 Teig auf etwas Mehl rund (ca. 32 cm Ø) ausrollen. Die Form damit auslegen, dabei den Teig am Rand andrücken.

3 3 Eier trennen. Eiweiß und 1 Prise Salz steif schlagen. Quark, Eigelb, 125 g Zucker und Vanillezucker verrühren. Grieß unterrühren. Eischnee unterheben. In die Form streichen. Im vorgeheizten Ofen (E-Herd: 175 °C/ Umluft: 150 °C/Gas: s. Hersteller) auf der untersten Schiene ca. 40 Minuten backen. In der Form auskühlen lassen.

4 Kuchen aus der Form lösen. Beeren verlesen, waschen und gut abtropfen lassen. Auf dem Kuchen verteilen. Tortengusspulver und 2 EL Zucker in einem kleinen Topf mischen. ½ l Wasser nach und nach einrühren. Unter Rühren kurz aufkochen. Hälfte Tortenguss langsam von der Mitte aus auf den Beeren verteilen, ca. 5 Minuten fest werden lassen. Rest Tortenguss nochmals erwärmen, bis er flüssig ist. Auf den Beeren verteilen und ca. 1 Stunde kalt stellen.

ZUBEREITUNGSZEIT ca. 2 Std. + Wartezeit ca. 4 Std.
STÜCK ca. 340 kcal
E 10 g · F 14 g · KH 40 g

NOCH FRUCHTIGER

Statt mit Tortenguss können Sie die Himbeeren auch mit Gelee überziehen. Dafür ca. 450 g rotes Gelee (z. B. Himbeer) unter Rühren erhitzen und kurz vorm Servieren über die Früchte träufeln. Auskühlen lassen.

Johannisbeertorte „Kir royal“

ZUTATEN FÜR CA. 16 STÜCKE

- 3 Eier (Gr. M) ♥ Salz
- 100 g + 100 g Zucker ♥ 2 Päckchen Vanillezucker
- 75 g Mehl ♥ 25 g Speisestärke
- 1 gestrichener TL Backpulver
- 6 Blatt weiße Gelatine
- 700 g rote Johannisbeeren
- 5 EL schwarzer Johannisbeerlikör (Crème de Cassis)
- 200 ml Sekt
- 500 g + 250 g Schlagsahne
- 100 g Vollmilchkuvertüre
- Backpapier

1 Springform (26 cm Ø) mit Backpapier auslegen. Eier trennen. Eiweiß, 2 EL kaltes Wasser und 1 Prise Salz steif schlagen, dabei 100 g Zucker und 1 Päckchen Vanillezucker einrieseln lassen. Eigelb nacheinander darunterschlagen. Mehl, Stärke und Backpulver daraufsieben, unterheben. Teig in die Form streichen. Im vorgeheizten Ofen (E-Herd: 175 °C/Umluft: 150 °C/Gas: s. Hersteller) ca. 20 Minuten backen. Auskühlen lassen.

2 Gelatine in kaltem Wasser einweichen. Biskuit waagerecht halbieren. Einen Tortenring um den unteren Boden schließen. Johannisbeeren verlesen, waschen. 5 Rispen (ca. 100 g) zum Verzieren beiseitelegen. Übrige Beeren von den Stielen streifen. Gelatine ausdrücken und bei schwacher Hitze auflösen. Erst Likör löffelweise und dann Sekt nach und nach unterrühren. Ca. 15 Minuten kalt stellen, bis die Sektmasse zu gelieren beginnt.

3 500 g Sahne steif schlagen, dabei 100 g Zucker einrieseln lassen. Unter die Sektmasse heben. Ca. ¼ Creme beiseitestellen. Beeren unter die übrige Creme heben. Auf den unteren Boden streichen und oberen Boden darauflegen. Rest Creme daraufstreichen. Mind. 4 Stunden kalt stellen.

4 Inzwischen Kuvertüre grob hacken, im heißen Wasserbad schmelzen. Dünn auf eine Marmorplatte oder auf die Rückseite eines Backblechs streichen. Trocknen lassen. Sobald sie fest zu werden beginnt, mit einem Spachtel in Spänen abhobeln.

5 250 g Sahne steif schlagen und dabei 1 Päckchen Vanillezucker einrieseln lassen. Tortenrand mit der Hälfte Sahne einstreichen. Rest Sahne in einen Spritzbeutel mit mittelgroßer Lochtülle füllen und die Torte mit Sahnetuffs, Schokospänen und Rest Johannisbeeren verzieren.

ZUBEREITUNGSZEIT ca. 2 Std. + Wartezeit mind. 5 Std.
STÜCK ca. 300 kcal
E 4 g · F 18 g · KH 26 g

Lässt sich gut einfrieren

Johannisbeer-Baiserschnitten

ZUTATEN FÜR CA. 20 STÜCKE

- Fett und Mehl für das Blech
- 1 Ei + 7 Eiweiß (Gr. M)
- 130 g Puderzucker
- 200 g kalte Butter
- 375 g Mehl
- 2 gestrichene TL Backpulver
- 2 EL Milch
- 300 g gemahlene Haselnüsse
- 150 g + 200 g Zucker
- 2 EL brauner Rum
- 1 Msp. Zimt
- 800 g rote Johannisbeeren
- Puderzucker zum Bestäuben

1 Ein Backblech (ca. 35 x 40 cm) fetten und mit Mehl bestäuben. Ei trennen. Eigelb, Puderzucker und Butter in Stückchen in eine Schüssel geben. Mit den Knethaken des Rührgerätes verkneten. Mehl und Backpulver mischen, darübersieben. Milch zufügen und alles zu einem glatten Mürbeteig verkneten. Teig auf dem Blech ausrollen, mit einer Gabel mehrmals einstechen.

2 Haselnüsse, 150 g Zucker, Rum, Zimt und 4 Eiweiß in einer Schüssel verrühren. Mit einer Winkelpalette oder einem Tortenheber gleichmäßig auf den Mürbeteig streichen. Im vorgeheizten Ofen (E-Herd: 175 °C/Umluft: 150 °C/Gas: s. Hersteller) ca. 25 Minuten backen. Auskühlen lassen.

3 Johannisbeeren vorsichtig waschen und auf Küchenpapier gut abtropfen lassen. Beeren verlesen und, bis auf einige Rispen zum Verzieren, mit einer Gabel von den Stielen streifen.

4 3 Eiweiß mit den Schneebesen des Rührgerätes steif schlagen. 200 g Zucker dabei einrieseln lassen und weiterschlagen, bis sich der Zucker vollständig aufgelöst hat. Johannisbeeren vorsichtig unter das Baiser heben und locker auf die Haselnussmasse streichen. Im heißen Backofen bei gleicher Temperatur ca. 20 Minuten weiterbacken. Kuchen auf dem Blech auskühlen lassen.

5 Zum Schneiden das Messer in einen hohen Becher mit heißem Wasser tauchen und den Kuchen in ca. 20 Stücke schneiden. Mit Johannisbeerrispen verzieren. Mit Puderzucker bestäuben. Dazu schmeckt Schlagsahne.

ZUBEREITUNGSZEIT ca. 1 ½ Std. + Wartezeit ca. 1 Std.
STÜCK ca. 360 kcal
E 6 g · F 18 g · KH 41 g

Himbeer-Cremeschnitten

ZUTATEN FÜR CA. 12 STÜCKE

- 125 g Butter
- 200 g Löffelbiskuits
- etwas Öl für die Tortenplatte
- 400 g Himbeeren
- 250 g + 100 g Schlagsahne
- 500 g Magerquark
- 50 g Zucker + 2 EL Zucker
- 1 Päckchen Vanillesoßenpulver (ohne Kochen; für ¼ l Milch)
- 1 Päckchen roter Tortenguss
- 1 großer Gefrierbeutel

1 Butter bei schwacher Hitze schmelzen. Löffelbiskuits in einen Gefrierbeutel füllen, Beutel verschließen und mit einer Teigrolle fein zerbröseln. Brösel und flüssige Butter mischen.

2 Den Formrand einer eckigen (24 x 24 cm) oder runden (26 cm Ø) Springform auf eine mit Öl bestrichene Tortenplatte setzen. Bröselmasse, bis auf 2–3 EL, einfüllen und als Boden andrücken. Ca. 15 Minuten kalt stellen.

3 Himbeeren verlesen und waschen. 250 g Sahne steif schlagen. Quark und 50 g Zucker verrühren. Soßenpulver unter kurzem Rühren einrieseln lassen, Sahne sofort darunterheben. ⅓ Quarkcreme auf den Bröselboden streichen. Himbeeren, bis auf einige zum Verzieren, darauf verteilen. Übrige Creme darauf verteilen und glatt streichen.

4 Tortengusspulver und 2 EL Zucker mischen. ¼ l kaltes Wasser nach und nach einrühren. Unter Rühren kurz aufkochen, sofort auf der Quarkcreme verteilen. Ca. 30 Minuten kalt stellen.

5 Formrand entfernen und den Kuchen in Stücke schneiden. 100 g Sahne steif schlagen. Schnitten mit Sahnekleksen, restlichen Himbeeren und Löffelbiskuitbröseln verzieren.

ZUBEREITUNGSZEIT ca. 1 ¼ Std.
STÜCK ca. 270 kcal
E 8 g · F 16 g · KH 22 g

Lässt sich gut einfrieren

Himbeer-Vanillecreme-Torte

ZUTATEN FÜR CA. 16 STÜCKE

- etwas + 65 g kalte Butter
- 100 g + etwas Mehl
- 100 g gemahlene Haselnüsse
- 1 gestrichener TL Backpulver
- 65 g + 180 g + 1 EL Zucker
- 1 Ei (Gr. M)
- 500 g Himbeeren
- 6 Blatt weiße Gelatine
- 375 g Vanillejoghurt
- 250 g Sahnequark (40 % Fett)
- Saft von ½ Zitrone
- 500 g Schlagsahne
- Puderzucker zum Bestäuben

1 Boden einer Springform (26 cm Ø) fetten. 100 g Mehl, Nüsse, Backpulver, 65 g Zucker, Ei und 65 g Butter in Stückchen erst mit den Knethaken des Rührgerätes und dann kurz mit den Händen zu einem glatten Teig verkneten. Auf einer bemehlten Arbeitsfläche rund (26 cm Ø) ausrollen. In die Form legen und mit einer Gabel mehrmals einstechen. Im vorgeheizten Backofen (E-Herd: 200 °C/Umluft: 175 °C/Gas: s. Hersteller) ca. 20 Minuten backen. Auskühlen lassen.

2 Himbeeren verlesen, waschen, abtropfen lassen. Gelatine in kaltem Wasser einweichen. Joghurt, Quark, Zitronensaft und 180 g Zucker glatt verrühren. Gelatine ausdrücken. Im Topf bei schwacher Hitze auflösen. Ca. ⅓ Joghurtmasse in die Gelatine rühren. Mischung in die übrige Joghurtmasse rühren. Ca. 5 Minuten kalt stellen.

3 Sahne steif schlagen. Sobald die Joghurt-masse zu gelieren beginnt, Sahne portionsweise unterheben.

4 Boden aus der Form lösen, auf eine Tortenplatte legen. Tortenring oder Springformrand darumschließen. Gut ⅔ Himbeeren auf dem Boden verteilen, mit 1 EL Zucker bestreuen. Joghurtcreme daraufstreichen. Torte mind. 4 Stunden kalt stellen.

5 Creme mit einem langen Messer vom Tortenring lösen, Ring abnehmen. Torte vorm Servieren mit übrigen Himbeeren verzieren und mit Puderzucker bestäuben.

ZUBEREITUNGSZEIT ca. 1 Std. + Wartezeit ca. 5 Std.
STÜCK ca. 320 kcal
E 6 g · F 20 g · KH 27 g

Brombeer-Joghurttorte

ZUTATEN FÜR CA. 16 STÜCKE

- 200 g Mehl
- 50 g Puderzucker ♥ Salz
- 100 g kalte + etwas Butter
- 1 Eigelb (Gr. M)
- 12 Blatt weiße Gelatine
- 750 g Brombeeren
- 1 Dose (425 ml) Aprikosen
- 3 Päckchen Vanillezucker
- 50 g + 50 g + 2 gestrichene EL Zucker
- 200 g Schlagsahne
- 500 g Vollmilchjoghurt
- 200 g Schmand
- 1 Päckchen klarer Tortenguss
- Puderzucker zum Bestäuben
- Frischhaltefolie

1 Mehl, Puderzucker, 1 Prise Salz, 100 g Butter in Stückchen, Eigelb und evtl. 1 EL kaltes Wasser erst mit den Knethaken des Rührgerätes, dann rasch mit den Händen zu einem glatten Mürbeteig verkneten. In Folie wickeln und ca. 30 Minuten kalt stellen.

2 Eine Springform (26 cm Ø) fetten. Mürbeteig als Boden gleichmäßig in die Form drücken, mit einer Gabel mehrmals einstechen. Im vorgeheizten Backofen (E-Herd: 200 °C/Umluft: 175 °C/Gas: s. Hersteller) ca. 20 Minuten backen. Auskühlen lassen.

3 6 Blatt Gelatine kalt einweichen. Beeren verlesen, waschen, abtropfen lassen. Aprikosen abtropfen lassen, den Saft auffangen. ⅓ Beeren, Aprikosen, 3 EL Saft, 2 Päckchen Vanillezucker und 50 g Zucker in einem hohen Rührbecher pürieren. Gelatine ausdrücken und bei schwacher Hitze auflösen.
4 EL Püree einrühren, dann unter den Rest Püree rühren. Ca. 20 Minuten kalt stellen, bis es zu gelieren beginnt.

4 Sahne steif schlagen und unter das Fruchtpüree heben. Tortenring um den Boden schließen, mit ⅓ Brombeeren belegen. Creme daraufstreichen und ca. 1 Stunde kalt stellen.

5 6 Blatt Gelatine kalt einweichen. Joghurt, Schmand, 1 Päckchen Vanillezucker und 50 g Zucker verrühren. Gelatine ausdrücken, vorsichtig auflösen. 4 EL Joghurt einrühren, unter Rest Joghurt rühren. Auf die Fruchtcreme streichen. Mind. 3 Stunden kalt stellen.

6 Tortenguss und 2 EL Zucker mischen. ¼ l Wasser einrühren und unter Rühren aufkochen. Etwas abkühlen lassen und auf der Torte verteilen. Mit Rest Beeren belegen. Ca. 1 Stunde kalt stellen. Vorm Servieren mit Puderzucker bestäuben.

ZUBEREITUNGSZEIT ca. 2 Std. + Wartezeit ca. 7 Std.
STÜCK ca. 270 kcal
E 5 g · F 14 g · KH 29 g

Himbeer-Butterkeks-Kuchen

ZUTATEN FÜR CA. 30 STÜCKE

- 4 Eier (Gr. M)
- 150 g + 2 EL Zucker
- 150 g Mehl
- 1 gestrichener TL Backpulver
- ⅜ l Himbeersirup
- 3 Päckchen Vanillepuddingpulver
- 750 g TK- + 125 g frische Himbeeren
- 4 Blatt weiße Gelatine
- 500 g Sahnequark
- 3 Päckchen Vanillezucker
- 400 g + 200 g Schlagsahne
- 1 Packung (200 g) Butterkekse
- Puderzucker zum Bestäuben
- Backpapier

1 Backblech (ca. 35 x 40 cm) mit Backpapier auslegen. Eier und 4 EL lauwarmes Wasser mit den Schneebesen des Rührgerätes cremig rühren. 150 g Zucker dabei einrieseln lassen und ca. 8 Minuten dickschaumig aufschlagen. Mehl und Backpulver mischen, auf die Eimasse sieben und unterheben.

2 Aufs Backblech streichen. Im vorgeheizten Ofen (E-Herd: 200 °C/Umluft: 175 °C/Gas: s. Hersteller) ca. 12 Minuten backen. Biskuit auf ein mit 2 EL Zucker bestreutes Geschirrtuch stürzen. Backpapier abziehen, Biskuit auskühlen lassen.

3 Sirup und ½ l Wasser aufkochen. Puddingpulver und ¼ l Wasser glatt rühren. In den Sirup rühren, aufkochen und unter Rühren ca. 1 Minute köcheln. Vom Herd nehmen, gefrorene Himbeeren unterheben. Biskuit quer halbieren und auf zwei Platten bzw. Tabletts legen. Himbeermasse daraufstreichen. Mind. 1 Stunde auskühlen lassen.

4 Gelatine in kaltem Wasser einweichen. Quark und 2 Päckchen Vanillezucker verrühren. Gelatine ausdrücken und vorsichtig auflösen. 3–4 EL Quark in die Gelatine rühren, dann alles in den übrigen Quark rühren. 400 g Sahne steif schlagen und unterheben. Sahnequark auf die Himbeeren streichen. Butterkekse dicht an dicht darauflegen. Über Nacht kalt stellen.

5 Frische Himbeeren verlesen und waschen. 200 g Sahne steif schlagen, 1 Päckchen Vanillezucker dabei einrieseln lassen. In einen Spritzbeutel füllen und Tuffs auf den Kuchen spritzen. Mit Himbeeren verzieren und mit Puderzucker bestäuben.

ZUBEREITUNGSZEIT ca. 1 ½ Std. + Wartezeit ca. 14 Std.
STÜCK ca. 230 kcal
E 5 g · F 10 g · KH 28 g

Lässt sich gut einfrieren

Kirsch-Knusperschnitten

ZUTATEN FÜR CA. 16 STÜCKE

- etwas Fett für den Formrand
- 300 g weiße Kuvertüre
- 25 g Kokosfett (z. B. Palmin)
- 125 g Cornflakes
- ca. 500 g Süßkirschen oder 1 Glas (720 ml) Kirschen
- 500 g Mascarpone
- 500 g Magerquark
- 75 g Zucker
- 1 Päckchen Vanillezucker
- abgeriebene Schale und 3 EL Saft von ½ Bio-Zitrone
- Backpapier

1 Ein Stück Backpapier auf den Boden einer quadratischen (24 x 24 cm) oder runden Springform (26 cm Ø) legen und in die Form einspannen. Den Springformrand etwas fetten.

2 Kuvertüre hacken und mit dem Kokosfett im heißen Wasserbad schmelzen. Cornflakes gründlich daruntermischen. Aus gut ¼ Cornflakesmasse mit zwei Teelöffeln 8 kleine Knusperhäufchen auf Backpapier setzen, trocknen lassen. Rest Cornflakesmasse als Tortenboden in der Form verteilen und andrücken. Ca. 1 Stunde kalt stellen.

3 8 Kirschen zum Verzieren beiseitelegen. Übrige Kirschen waschen, entstielen und entsteinen. Tortenboden vorsichtig aus der Springform lösen, auf eine Tortenplatte setzen und den Formrand wieder darumschließen.

4 Mascarpone, Quark, Zucker, Vanillezucker, Zitronenschale und -saft kurz verrühren, damit die Creme dickcremig bleibt. Ca. ⅓ Creme auf den Knusperboden streichen. Kirschen darauf verteilen und übrige Creme daraufstreichen. Mind. 4 Stunden kalt stellen.

5 Übrige 8 Kirschen waschen und trocken tupfen. Die Torte aus dem Formrand lösen und in Stücke schneiden. Hälfte Schnitten mit den Kirschen, übrige mit Knusperhäufchen verzieren.

ZUBEREITUNGSZEIT ca. 1 Std. + Wartezeit mind. 5 Std.
STÜCK ca. 350 kcal
E 8 g · F 21 g · KH 29 g

PRAKTISCH: *Springform mit Backpapier auslegen, dann löst sich der Boden später leicht heraus. Überstehendes Papier einfach abschneiden*

Amaretto-Eistörtchen mit Mango

ZUTATEN FÜR 12 STÜCK

- 90 g Amarettini • 250 g Schlagsahne
- 2 frische Eier (Gr. M) • Salz • 50 g Zucker
- 1 Päckchen Vanillezucker
- 1–2 EL Amaretto • 1 reife Mango (ca. 500 g)
- 12 Papierbackförmchen (5 cm Ø)
- 1 großer Gefrierbeutel

1 Die Mulden eines Muffinblechs (für 12 Stück) mit Papierförmchen auslegen und das Blech ca. 20 Minuten ins Gefriergerät stellen. Amarettini in einen Gefrierbeutel füllen, Beutel verschließen. Amarettini mit einer Teigrolle grob zerbröseln. 2 EL Brösel zum Verzieren beiseitelegen.

2 Sahne steif schlagen. Eier mit den Schneebesen des Handrührgerätes verrühren, dabei 1 Prise Salz, Zucker und Vanillezucker einrieseln lassen. Die Masse dann mind. 5 Minuten dickschaumig schlagen. Amaretto zugießen und ca. 1 Minute weiterschlagen. Sahne in 2 Portionen unterheben. Amarettinibrösel unterheben.

3 Eismasse in die Papierförmchen verteilen. Muffinblech mind. 4 Stunden, am besten über Nacht, einfrieren.

4 Mango schälen, das Fruchtfleisch vom Stein schneiden und pürieren. Eistörtchen aus den Papierförmchen lösen und mit Mangopüree anrichten. Mit übrigen Amarettinibröseln verzieren. Das übrige Püree dazureichen.

ZUBEREITUNGSZEIT ca. 30 Min. + Gefrierzeit mind. 4 Std.
STÜCK ca. 150 kcal
E 2 g · F 8 g · KH 16 g

Gut verpackt im Gefriergerät ca. 1 Monat haltbar

EINZELN ENTNEHMBAR: *Das Muffinblech mit Papierförmchen auslegen – so friert nichts fest*

Erdbeereis-Gugelhupf

ZUTATEN FÜR CA. 20 STÜCKE

- 750 g + 250 g Erdbeeren
- 75 g + 125 g + 2 EL Zucker
- 100 g kleine Baisertupfen oder Baiserschalen
- 4 frische Eier (Gr. M)
- 3 Päckchen Vanillezucker
- 500 g Vollmilchjoghurt ♥ Salz
- 250 g Schlagsahne
- Frischhaltefolie

1 750 g Erdbeeren waschen, putzen und mit 75 g Zucker pürieren. Im Gefriergerät ca. 1 ½–2 ½ Stunden vorfrieren, bis das Püree dickcremig ist, und dabei zwischendurch mehrmals durchrühren (s. Tipp). Eine Silikon- oder mit Frischhaltefolie ausgelegte Metallgugelhupfform (22 cm Ø; ca. 2,5 l Inhalt) mit ins Gefriergerät stellen.

2 Ca. 10 Baisertupfen zum Verzieren beiseitelegen. Übrige mit den Händen grob zerbröckeln. Eier trennen. Eigelb, 125 g Zucker und Vanillezucker mit den Schneebesen des Handrührgerätes ca. 3 Minuten cremig schlagen. Joghurt unterrühren. Eiweiß und 1 Prise Salz steif schlagen, dabei 2 EL Zucker einrieseln lassen. Sahne steif schlagen. Erst Sahne, dann Eischnee, zuletzt Baiserbrösel unter die Joghurtcreme heben.

3 ⅓ Creme in die kalte Gugelhupfform füllen, ⅓ Erdbeermasse daraufgeben und mit einer Gabel spiralförmig durchziehen. Diesen Vorgang 2 x wiederholen. Die Form mit Frischhaltefolie abdecken, mind. über Nacht einfrieren.

4 250 g Erdbeeren waschen, putzen und halbieren. Form bis knapp unter den Rand kurz in heißes Wasser tauchen. Gugelhupf auf eine Platte stürzen. Folie abziehen. 3 Baisertupfen zerbröckeln. Gugelhupf mit Erdbeeren und Baiser verzieren.

ZUBEREITUNGSZEIT ca. 45 Min. + Gefrierzeit mind. 14 Std.
STÜCK ca. 150 kcal
E 3 g · F 6 g · KH 20 g

Gut verpackt im Gefriergerät ca. 1 Monat haltbar

__ERDBEERPÜREE__ am besten in einer Plastikschüssel mit Deckel oder in einer Edelstahlschüssel einfrieren – kann bis zu 2 ½ Stunden dauern. Nicht vergessen: Ca. alle 20 Minuten durchrühren

Sahneeistorte mit Schokosplittern

ZUTATEN FÜR CA. 16 STÜCKE

- 100 g Baisertupfen oder -schalen
- 100 g Zartbitterschokolade
- 100 g Vollmilchschokolade
- 1 kg Schlagsahne
- 2–3 frische Eigelb (Gr. M)
- 3 EL Puderzucker
- 2 EL Rum oder Weinbrand
- 100–150 g Haselnusskrokant
- 1 großer Gefrierbeutel
- Frischhaltefolie

1 Baiser in den Gefrierbeutel füllen und den Beutel verschließen. Mit einer Teigrolle kurz darüberrollen, bis das Baiser grob zerstoßen ist. Gesamte Schokolade mit einem Sparschäler oder einem Gemüsehobel in Späne hobeln. Oder Schokolade mit einem großen Messer fein hacken.

2 Sahne in 2 Portionen steif schlagen und in eine große Schüssel füllen. Eigelb mit den Schneebesen des Handrührgerätes cremig rühren, dabei Puderzucker einrieseln lassen. Masse dickschaumig schlagen, Rum zugießen. Eigelbmasse unter die Sahne heben.

3 Jeweils etwas Haselnusskrokant, Baiser und Schokolade zum Verzieren beiseitestellen. Restliches Krokant, Baiser und Schokolade vorsichtig unter die Sahnemasse heben.

4 Eine Springform (26 cm Ø) über Kreuz mit Frischhaltefolie auslegen, dabei jeweils ca. 30 cm Folie überstehen lassen. Schoko-Sahne-Masse hineinfüllen und locker verstreichen. Mit Krokant, Baiser und Schokolade bestreuen. Torte mit der Folie abdecken und mind. 12 Stunden einfrieren.

5 Eistorte ca. 10 Minuten vor dem Servieren aus dem Tiefkühler nehmen. Torte aus der Springform und dann aus der Folie lösen und sofort servieren.

ZUBEREITUNGSZEIT ca. 25 Min. + Gefrierzeit mind. 12 Std.
STÜCK ca. 330 kcal
E 3 g · F 25 g · KH 20 g

Gut verpackt im Gefriergerät ca. 1 Monat haltbar

STATT KROKANT

*… schmecken auch prima zerbröselte **Cantuccini** oder **Amarettini** in der Eistorte. Wer's lieber fruchtig mag, hebt **100 g Heidelbeeren** oder **Himbeeren** unter die Sahne.*

Latte-macchiato-Torte

ZUTATEN FÜR CA. 16 STÜCKE

- Öl für die Tortenplatte
- 175 g Butter • 150 g Löffelbiskuits
- 100 g belgische Butterwaffeln
- 10 Blatt weiße Gelatine
- 500 g Speisequark (20 % Fett)
- 250 g Schmand • 100 g Zucker
- 1 Päckchen Vanillezucker
- 2 EL Espressopulver (instant)
- 200 g + 100 g Schlagsahne
- Schoko-Mokkabohnen zum Verzieren
- Kakao zum Bestäuben

1 Springformrand (26 cm Ø) auf eine mit etwas Öl bestrichene Tortenplatte stellen. Butter bei schwacher Hitze schmelzen. Löffelbiskuits und Waffeln im Universalzerkleinerer fein zerbröseln. Mit der Butter mischen. In den Formrand füllen, als Tortenboden andrücken. Ca. 30 Minuten kalt stellen.

2 Gelatine in kaltem Wasser einweichen. Quark, Schmand, Zucker und Vanillezucker verrühren. Gelatine ausdrücken, bei schwacher Hitze auflösen. 3 EL Quarkcreme in die Gelatine rühren, dann unter den Rest Creme rühren. Unter ⅔ der Creme das Espressopulver rühren. 200 g Sahne steif schlagen, unter die Espressocreme heben. Auf den Tortenboden streichen, kalt stellen.

3 100 g Sahne steif schlagen, unter die übrige Creme heben. Ca. 15 Minuten kalt stellen, bis sie so fest ist, dass man Kugeln daraus formen kann. Aus der Creme mit einem Eisportionierer Kugeln formen. Auf die Torte setzen, dabei am Rand 2–3 cm frei lassen. Ca. 4 Stunden kalt stellen. Kurz vorm Servieren mit Mokkabohnen und Kakao verzieren.

ZUBEREITUNGSZEIT ca. 40 Min. + Wartezeit ca. 5 Std.
STÜCK ca. 320 kcal
E 7 g · F 23 g · KH 19 g

HÜBSCH VERZIERT: *Mit dem Eisportionierer Cremekugeln auf die Torte setzen. Wer keinen hat, formt mit zwei Esslöffeln Nocken*

Melonen-Quarktorte

ZUTATEN FÜR CA. 12 STÜCKE
- 100 g Butter
- 225 g Kokoszwieback
- 6 Blatt weiße Gelatine
- 350 g Doppelrahmfrischkäse
- 500 g Magerquark
- 100 g Zucker
- abgeriebene Schale und Saft von 1 Bio-Orange
- 200 g Schlagsahne
- 1 Päckchen Vanillezucker
- je 200 g Wasser- und Galiamelone
- ca. 2 EL Kokosraspel
- 1 großer Gefrierbeutel

1 Springformrand (26 cm Ø) auf eine Tortenplatte setzen. Butter lauwarm schmelzen. Zwieback in einen Gefrierbeutel geben und mit der Teigrolle fein zerbröseln. Mit der flüssigen Butter mischen. Als Boden in den Formrand drücken. Ca. 30 Minuten kalt stellen.

2 Gelatine kalt einweichen. Frischkäse Quark, Zucker, Orangensaft und -schale verrühren. Gelatine ausdrücken und vorsichtig auflösen. 3 EL von der Creme einrühren, dann unter Rest Creme rühren. Sahne steif schlagen. Vanillezucker dabei einrieseln lassen. Sahne unter die Quarkmasse heben. Creme auf den Tortenboden streichen. Mind. 4 Stunden kalt stellen.

3 Melonenfruchtfleisch mit einem Kugelausstecher austechen oder Fruchtfleisch würfeln. Melone nach Belieben in Kokosraspeln wenden. Torte damit verzieren.

ZUBEREITUNGSZEIT ca. 45 Min. + Wartezeit mind. 5 Std.
STÜCK ca. 330 kcal
E 10 g · F 18 g · KH 29 g

Pfirsich-Cantuccini-Joghurttorte

ZUTATEN FÜR CA. 16 STÜCKE

- etwas Öl für die Tortenplatte
- 125 g Butter
- 250 g Cantuccini (italienisches Mandelgebäck)
- 10 Blatt weiße Gelatine
- 1 Dose (850 ml) Pfirsiche
- 500 g Vollmilchjoghurt
- 50 g Zucker
- 1 Päckchen Vanillezucker
- 250 g Schlagsahne
- 40 g Mandelkerne ohne Haut
- 1 mittelgroßer Pfirsich
- 1 großer Gefrierbeutel

1 Eine Tortenplatte mit etwas Öl bestreichen. Formrand einer Springform (26 cm Ø) daraufsetzen. Butter bei schwacher Hitze schmelzen. Cantuccini in einen Gefrierbeutel füllen, den Beutel verschließen. Cantuccini mit einer Teigrolle fein zerbröseln. Brösel und flüssige Butter mischen, in den Formrand füllen und als Boden andrücken. Ca. 45 Minuten kalt stellen.

2 Gelatine in kaltem Wasser einweichen. 3 Pfirsichhälften aus der Dose nehmen, trocken tupfen und würfeln. Rest Pfirsiche samt Saft in eine Schüssel füllen und pürieren.

3 Pfirsichpüree, Joghurt, Zucker und Vanillezucker verrühren. Gelatine ausdrücken, bei schwacher Hitze auflösen. Löffelweise 3 EL Pfirsichcreme einrühren, dann unter den Rest Creme rühren. Ca. 15 Minuten kalt stellen, bis sie zu gelieren beginnt.

4 Sahne steif schlagen. Erst Sahne, dann Pfirsichwürfel unter die Pfirsichcreme heben. Auf den Cantucciniboden streichen. Über Nacht kalt stellen.

5 Mandeln grob hacken, ohne Fett goldbraun rösten, auskühlen lassen. Pfirsich waschen, halbieren, entsteinen und in ca. 16 dünne Spalten schneiden. Torte aus dem Formrand lösen und in Stücke schneiden. Mit Pfirsich und Mandeln verzieren.

ZUBEREITUNGSZEIT ca. 50 Min. +
Wartezeit ca. 13 Std.
STÜCK ca. 270 kcal
E 5 g · F 16 g · KH 24 g

Aprikosen-Frischkäse-Torte

ZUTATEN FÜR CA. 12 STÜCKE

- etwas Öl
- 140 g Butter
- 200 g Butterkekse
- 9 Blatt weiße Gelatine
- 1 Dose (850 ml) Aprikosen
- 400 g Doppelrahmfrischkäse
- 500 g Vollmilchjoghurt
- 100 g Zucker
- abgeriebene Schale und 2 EL Saft von ½ Bio-Zitrone
- 100 g Schlagsahne
- 5–6 EL Erdbeerfruchtaufstrich (ohne Stücke)
- 1 großer und 1 kleiner Gefrierbeutel

1 Einen Springformrand (26 cm Ø) auf eine leicht geölte Tortenplatte setzen. Butter bei schwacher Hitze schmelzen. Kekse in den großen Gefrierbeutel füllen, Beutel verschließen und die Kekse mit der Teigrolle fein zerbröseln. Brösel mit der flüssigen Butter mischen. Als Boden in den Ring füllen, andrücken. Ca. 1 Stunde kalt stellen.

2 Gelatine kalt einweichen. Aprikosen gut abtropfen lassen. Frischkäse, Joghurt, Zucker, Zitronenschale und -saft kurz verrühren. Gelatine ausdrücken und bei schwacher Hitze auflösen. 3 EL Frischkäsecreme einrühren, dann unter den Rest Creme rühren. Ca. 5 Minuten kalt stellen, bis sie zu gelieren beginnt. Sahne steif schlagen und unterheben. ⅓ Creme auf den Tortenboden streichen. Aprikosen darauf verteilen. Rest Creme daraufstreichen. Mind. 4 Stunden kalt stellen.

3 Formrand entfernen. Fruchtaufstrich erwärmen und in den kleinen Gefrierbeutel füllen. Unten eine kleine Ecke abschneiden und Streifen auf die Torte spritzen. Ca. 30 Minuten kalt stellen.

ZUBEREITUNGSZEIT ca. 50 Min. + Wartezeit ca. 6 Std.
STÜCK ca. 400 kcal
E 7 g · F 24 g · KH 35 g

SCHLANKE VARIANTE

Wer Kalorien sparen möchte, kann die Torte auch „leichter" gestalten: Nehmen Sie einfach Joghurtbutter für den Boden. Die Creme lässt sich auch mit fettarmem Frischkäse und Joghurt zubereiten. So sparen Sie fast 10 g Fett bzw. 100 kcal pro Stück.

Marzipan-Kirsch-Streuselkuchen

ZUTATEN FÜR CA. 16 STÜCKE

- Fett für die Form
- 150 g Marzipanrohmasse
- 400 g Mehl
- 100 g + 1 EL Zucker
- 4–5 Tropfen Bittermandelaroma
- Salz ♥ 225 g weiche Butter
- 1 Ei (Gr. M)
- 2 Gläser (à 720 ml) Kirschen
- 200 g Crème fraîche
- 1 Päckchen Vanillesoßenpulver
- 50 g Kirschkonfitüre
- Puderzucker zum Bestäuben

1 Eine Springform (26 cm Ø) fetten. Marzipan grob raspeln. Mehl, 100 g Zucker, Bittermandelaroma und 1 Prise Salz mischen. Marzipan, Butter in Stückchen und Ei zufügen. Erst alles mit den Knethaken des Rührgerätes und dann kurz mit den Händen zu Streuseln verarbeiten.

2 Ca. ⅔ Streusel in der Form verteilen und als Boden andrücken, dabei am Rand ca. 1,5 cm hochdrücken. Boden und übrige Streusel ca. 30 Minuten kalt stellen.

3 Kirschen gut abtropfen lassen. Crème fraîche, 1 EL Zucker und Soßenpulver verrühren. Auf den Teigboden streichen. Kirschen mit der Konfitüre mischen und auf der Crème-fraîche-Schicht verteilen. Die übrigen Streusel daraufstreuen, dabei zwischen den Fingern zerreiben.

4 Kuchen im vorgeheizten Backofen (E-Herd: 200 °C/Umluft: 175 °C/Gas: s. Hersteller) ca. 35 Minuten backen. Auskühlen lassen. Vorm Servieren mit Puderzucker bestäuben.

ZUBEREITUNGSZEIT ca. 1 ¼ Std. + Wartezeit ca. 3 Std.
STÜCK ca. 360 kcal
E 5 g · F 19 g · KH 40 g

Lässt sich gut einfrieren

Kakao-Kirschtorte

ZUTATEN FÜR CA. 12 STÜCKE

- 150 g Löffelbiskuits
- 7–8 EL brauner Rum
- 1 kg Süß- oder Sauerkirschen oder 2 Gläser (à 720 ml) Kirschen
- 6 Eier (Gr. M)
- 175 g weiche Butter
- 175 g Zucker
- 30 g Kakao
- 100 g gemahlene Mandeln (mit Haut)
- 1 Msp. Zimt ♥ Salz
- 3 EL Puderzucker
- Backpapier

1 Löffelbiskuits in kleine Stücke brechen bzw. zerbröseln. In eine Schüssel geben und mit Rum beträufeln. Löffelbiskuits zugedeckt mind. 2 Stunden ziehen lassen. Dabei evtl. 1–2 x umrühren. Kirschen waschen, entstielen und entsteinen (Kirschen aus dem Glas gut abtropfen lassen).

2 Eine Springform (26 cm Ø) am Boden mit Backpapier auslegen. Eier trennen. Butter und Zucker mit den Schneebesen des Rührgerätes 6–8 Minuten cremig rühren. Eigelb nacheinander je ca. ½ Minute unterrühren. Kakao, Mandeln und Zimt mischen, kurz unterrühren. Löffelbiskuits ebenfalls kurz unterrühren. Eiweiß und 1 Prise Salz steif schlagen und portionsweise vorsichtig unterheben.

3 Ca. ⅓ des Teiges in die Form streichen, sodass der Boden etwa fingerbreit bedeckt ist.

4 Kirschen zum übrigen Teig geben und vorsichtig unterheben. Kirschteig in die Form füllen und glatt streichen. Im vorgeheizten Backofen (E-Herd: 175 °C/Umluft: 150 °C/Gas: s. Hersteller) ca. 1 Stunde backen.

5 Kuchen aus dem Ofen nehmen. Mit einem Messer vom Springformrand lösen, Formrand entfernen. Kuchen auf ein Kuchengitter setzen, mit 2 EL Puderzucker bestäuben und auskühlen lassen. Kurz vor dem Servieren nochmals mit 1 EL Puderzucker bestäuben. Dazu schmeckt Schlagsahne.

ZUBEREITUNGSZEIT ca. 2 Std. + Wartezeit ca. 4 Std.
STÜCK ca. 300 kcal
E 6 g · F 16 g · KH 27 g

Lässt sich gut einfrieren

Makronen-Kirschkuchen

ZUTATEN FÜR CA. 12 STÜCKE

- 500 g frische Sauerkirschen oder 1 Glas (720 ml) Kirschen
- Fett und Mehl für die Form
- 5 Eier (Gr. M)
- 100 g weiche Butter
- 125 g + 1 TL Zucker ♥ Salz
- 200 g Mehl ♥ ½ Päckchen Backpulver
- 2 TL Kakao ♥ 1 TL gemahlener Zimt
- 150 g Puderzucker
- 150 g gemahlene Haselnüsse
- 1 Päckchen roter Tortenguss
- ¼ l Kirschnektar
- 2 EL Haselnussblättchen oder gehackte Haselnüsse

1 Kirschen waschen, entstielen und entsteinen. Kirschen aus dem Glas abtropfen lassen, Saft dabei auffangen.

2 Eine Springform (26 cm Ø) fetten und mit Mehl ausstäuben. Eier trennen. 100 g Butter, 125 g Zucker und 1 Prise Salz mit den Schneebesen des Rührgerätes cremig rühren. Eigelb nacheinander unterrühren. 200 g Mehl, Backpulver, Kakao und Zimt daraufsieben und kurz unterrühren. Teig in die Form streichen. Kirschen darauf verteilen. Kuchen im vorgeheizten Backofen (E-Herd: 175 °C/Umluft: 150 °C/Gas: s. Hersteller) ca. 25 Minuten backen.

3 Puderzucker sieben. Eiweiß und 1 Prise Salz steif schlagen. Puderzucker esslöffelweise darunterschlagen. Nüsse unterheben. Kuchen aus dem Ofen nehmen. Makronenmasse daraufstreichen und bei gleicher Temperatur weitere ca. 25 Minuten fertig backen.

4 Kuchen am Rand lösen und in der Form ca. 3 Stunden auskühlen lassen. Dann ohne Form auf eine Tortenplatte legen. Tortengusspulver mit 1 TL Zucker in einem kleinen Topf mischen, Kirschnektar (oder Saft aus dem Glas, mit Wasser auf ¼ l aufgefüllt) einrühren. Unter Rühren aufkochen. Vom Herd nehmen und ca. 1 Minute abkühlen lassen. Tortenguss mit einem Esslöffel zügig auf dem Kuchen verteilen. Guss ca. 1 Stunde fest werden lassen.

5 Haselnussblättchen in einer Pfanne ohne Fett goldgelb rösten und auskühlen lassen. Den Guss am Rand damit bestreuen.

ZUBEREITUNGSZEIT ca. 1 ½ Std. + Wartezeit ca. 4 Std.
STÜCK ca. 390 kcal
E 8 g · F 19 g · KH 43 g

Lässt sich gut einfrieren

Kirschkuchen mit Kokosstreuseln

ZUTATEN FÜR CA. 16 STÜCKE

- 500 g frische Sauerkirschen
- 1 Päckchen Vanillepuddingpulver
- 5 EL + 50 g + 50 g Zucker
- 100 ml + 200 ml Kirschnektar
- 125 g Butter
- 150 g + 225 g + etwas Mehl
- 5 gehäufte EL Kokosraspel
- Fett für die Form
- 100 g Magerquark
- 1 Ei (Gr. M)
- 3 EL Milch
- 3 EL Öl ♥ Salz
- 1 leicht gehäufter TL Backpulver
- Puderzucker zum Bestäuben

1 Kirschen waschen, entstielen und entsteinen. Puddingpulver und 5 EL Zucker mischen. Mit 100 ml Nektar verrühren. 200 ml Nektar aufkochen. Kirschen zufügen und 3–4 Minuten dünsten. Puddingpulver einrühren, unter Rühren ca. 1 Minute köcheln. Ca. 15 Minuten abkühlen lassen.

2 Butter bei schwacher Hitze schmelzen. 150 g Mehl, Kokosraspel und 50 g Zucker mischen. Fett zugießen und mit den Knethaken des Rührgerätes zu Streuseln verarbeiten.

3 Eine Springform (26 cm Ø) fetten. Quark, Ei, Milch, Öl, 50 g Zucker und 1 Prise Salz verrühren. 225 g Mehl und Backpulver mischen. Mit den Knethaken des Rührgerätes unterkneten.

4 Teig auf etwas Mehl rund (ca. 34 cm Ø) ausrollen. Form damit auslegen, am Rand andrücken. Kirschkompott auf dem Boden verteilen. Überstehenden Teigrand leicht darüberklappen. Streusel auf Kirschen und Teigrand verteilen, dabei zwischen den Fingern zerreiben. Im vorgeheizten Ofen (E-Herd: 200 °C/Umluft: 175 °C/Gas: s. Hersteller) ca. 25 Minuten backen. Auskühlen lassen. Mit Puderzucker bestäuben.

ZUBEREITUNGSZEIT ca. 1 ½ Std. + Wartezeit
STÜCK ca. 260 kcal
E 4 g · F 11 g · KH 34 g

Lässt sich gut einfrieren

KEINE KIRSCHSAISON?

Sie können natürlich für all unsere Rezepte statt frischer Kirschen auch Kirschen aus dem Glas nehmen. Faustregel: 500 g frische entsprechen einem 720-ml-Glas Kirschen.

Schwarzwälder Kirschschnitten

ZUTATEN FÜR CA. 30 STÜCKE
- Fett für die Fettpfanne
- 1 kg frische Süß-/Sauerkirschen
- 150 g + 300 g Zartbitterkuvertüre
- 175 g weiche Butter
- 150 g Zucker
- 4 Päckchen Vanillezucker
- Salz
- 4 Eier (Gr. M)
- 350 g Mehl
- 3 gestrichene TL Backpulver
- 6 EL Milch
- 800 g + 200 g + evtl. 200 g Schlagsahne
- 3 Päckchen Sahnesteif
- Kakao zum Bestäuben

1 Eine Fettpfanne (ca. 32 x 39 cm; ca. 3,5 cm tief) fetten. Kirschen waschen, entstielen, entsteinen. 150 g Kuvertüre hacken, im heißen Wasserbad schmelzen und etwas abkühlen lassen.

2 Butter, Zucker, 1 Päckchen Vanillezucker und 1 Prise Salz cremig rühren. Eier einzeln unterrühren. Mehl und Backpulver mischen, im Wechsel mit der Milch kurz unterrühren. Geschmolzene Kuvertüre kurz unterrühren. Teig auf die Fettpfanne streichen. Kirschen darauf verteilen. Im vorgeheizten Backofen (E-Herd: 175 °C/Umluft: 150 °C/ Gas: s. Hersteller) ca. 35 Minuten backen. Auskühlen lassen.

3 Kuchen quer halbieren. Auf jeweils eine Platte setzen. 800 g Sahne steif schlagen, dabei Sahnesteif und 3 Päckchen Vanillezucker einrieseln lassen. Auf die Kirschen streichen. Ca. 30 Minuten kalt stellen.

4 300 g Kuvertüre hacken und in 200 g Sahne bei schwacher Hitze unter Rühren schmelzen. Ca. 10 Minuten abkühlen lassen, bis sie leicht anzieht. Auf die Kirschen streichen und ca. 1 ½ Stunden kalt stellen. Kuchen in Stücke schneiden. Vorm Servieren evtl. 200 g Sahne steif schlagen. Stücke mit Kakao und Sahne verzieren.

ZUBEREITUNGSZEIT ca. 1 ½ Std. + Wartezeit ca. 3 Std.
STÜCK ca. 330 kcal
E 4 g · F 22 g · KH 26 g

Lässt sich gut einfrieren

Mascarpone-Schoko-Kirschtorte

ZUTATEN FÜR CA. 16 STÜCKE

- 50 g Butter ♥ 3 Eier (Gr. M) ♥ Salz
- 225 g Zucker ♥ 3 Päckchen Vanillezucker
- 75 g Mehl ♥ 75 g Speisestärke
- 1 gestrichener TL Backpulver
- 175 g + 75 g Nussnougatcreme
- 6 Blatt weiße Gelatine ♥ 500 g Süßkirschen
- 100 g Zartbitterschokolade
- 250 g Schlagsahne
- 500 g Mascarpone ♥ 500 g Magerquark
- Backpapier ♥ 1 kleiner Gefrierbeutel

1 Springform (26 cm Ø) am Boden mit Backpapier auslegen. Butter bei schwacher Hitze schmelzen, etwas abkühlen lassen. Eier trennen. Eiweiß und 1 Prise Salz steif schlagen, dabei 100 g Zucker und 1 Vanillezucker einrieseln lassen. Eigelb einzeln darunterschlagen. Mehl, Stärke und Backpulver daraufsieben, unterheben. Flüssige Butter unterheben. Teig in die Form streichen, im vorgeheizten Ofen (E-Herd: 175 °C/ Umluft: 150 °C/Gas: s. Hersteller) ca. 20 Minuten backen. Auskühlen lassen.

2 Vom Tortenboden einen dünnen Deckel abschneiden und zerbröseln. Einen hohen Tortenring um den Tortenboden schließen. 175 g Nougatcreme bei schwacher Hitze unter Rühren erwärmen. Auf den Boden streichen. Ca. 30 Minuten kalt stellen.

3 Gelatine kalt einweichen. Kirschen waschen, entstielen, entsteinen. Schokolade hacken. Sahne steif schlagen. Mascarpone, Quark, 125 g Zucker und 2 Vanillezucker kurz verrühren. Gelatine ausdrücken, bei schwacher Hitze auflösen. 3 EL Mascarponecreme in die Gelatine rühren, dann unter den Rest Creme rühren. Erst Sahne, dann Kirschen und Schokolade unterheben. Auf die Torte streichen. Biskuitbrösel daraufstreuen und über Nacht kalt stellen.

4 75 g Nougatcreme in den Gefrierbeutel füllen und in heißem Wasser erwärmen. Eine kleine Ecke abschneiden. Torte mit Nougatstreifen verzieren und ca. 15 Minuten kalt stellen.

ZUBEREITUNGSZEIT ca. 1 ½ Std. +
Wartezeit ca. 13 Std.
STÜCK ca. 480 kcal
E 10 g · F 29 g · KH 41 g

Bozener Kirschtorte

ZUTATEN FÜR CA. 16 STÜCKE

- Fett für die Form
- 1 EL + 250 g gemahlene Haselnüsse
- 175 g + 125 g Zucker ♥ Salz
- ½ gestrichener TL Zimt
- 1 Msp. gemahlene Nelken ♥ 8 Eiweiß
- 1 kg Sauerkirschen + ½ l Kirschsaft oder 2 Gläser (à 720 ml) Kirschen
- 70 g Speisestärke
- 3 EL Rum ♥ 250 g Schlagsahne
- 1 Päckchen Vanillezucker
- 1 Päckchen Sahnesteif
- ca. 2 EL Schokoröllchen
- 1 Holzspießchen

1 Springform (26 cm Ø) am Boden fetten und mit 1 EL Haselnüssen bestreuen. 175 g Zucker, 1 Prise Salz und Gewürze mischen. Eiweiß portionsweise steif schlagen, Zuckermischung dabei einrieseln lassen. Weiterschlagen, bis alles gelöst ist. 250 g Nüsse vorsichtig unterheben.

2 Masse in die Form füllen, glatt streichen. Im vorgeheizten Backofen (E-Herd: 175 °C/Umluft: 150 °C/Gas: s. Hersteller) ca. 30 Minuten backen. In der Form auskühlen lassen. Dann herauslösen, auf eine Tortenplatte setzen, einen Tortenring darumlegen.

3 Kirschen waschen, entstielen und entsteinen. Kirschen aus dem Glas abtropfen lassen, Saft dabei auffangen. 100 ml Kirschsaft und Stärke glatt rühren. 400 ml Saft, 125 g Zucker und Kirschen aufkochen. Stärke einrühren und 2–3 Minuten köcheln. Kompott ca. 5 Minuten abkühlen lassen.

4 Nussboden mehrmals mit einem Holzspießchen einstechen und mit Rum beträufeln. Kirschkompott gleichmäßig auf den Boden streichen. Gut auskühlen lassen. Dann 1–2 Stunden kalt stellen.

5 Sahne steif schlagen, dabei erst Vanillezucker, dann Sahnesteif einrieseln lassen. Sahne auf den Kirschen verteilen. Mit Schokoröllchen verzieren.

ZUBEREITUNGSZEIT ca. 1½ Std. + Wartezeit ca. 3 Std.
STÜCK ca. 320 kcal
E 5 g · F 16 g · KH 35 g

ÜBRIGES EIGELB

… vom Tortenboden können Sie einfrieren (evtl. portionsweise). Es hält sich 8–10 Monate.

Kirsch-Joghurttorte

ZUTATEN FÜR CA. 16 STÜCKE

- 2 Eier (Gr. M) ♥ Salz
- 75 g + 100 g Zucker
- 75 g Mehl ♥ 1 Msp. Backpulver
- 12 Blatt weiße Gelatine
- 500 g frische Kirschen
- 175 ml Kirschnektar
- 750 g Joghurt ♥ 1 Päckchen Vanillezucker
- 250 g Schlagsahne
- 20 g weiße Schokolade ♥ Backpapier

Lässt sich gut einfrieren

1 Eine Springform (26 cm Ø) am Boden mit Backpapier auslegen. Eier trennen. Eiweiß, 2 EL kaltes Wasser und 1 Prise Salz steif schlagen, dabei 75 g Zucker einrieseln lassen. Eigelb einzeln darunterschlagen. Mehl und Backpulver daraufsieben, unterheben. Teig in die Form streichen. Im vorgeheizten Ofen (E-Herd: 175 °C/Umluft: 150 °C/Gas: s. Hersteller) ca. 15 Minuten backen. Auskühlen lassen.

2 Um den Biskuit einen Tortenring (ca. 8 cm hoch) schließen. 2 und 10 Blatt Gelatine getrennt in kaltem Wasser einweichen. Kirschen waschen, ca. 5 Stück zum Verzieren beiseitelegen. Rest Kirschen entstielen und entsteinen. Kirschnektar erwärmen (nicht kochen!). 2 Blatt Gelatine ausdrücken, darin auflösen. Auskühlen lassen. Ca. 30 Minuten kalt stellen, bis er zu gelieren beginnt.

3 Joghurt, 100 g Zucker und Vanillezucker verrühren. Sahne steif schlagen. 10 Blatt Gelatine ausdrücken, bei schwacher Hitze auflösen. 2 EL Joghurt einrühren, dann unter den übrigen Joghurt rühren. Sahne darunterheben.

4 Eine dünne Schicht Joghurtcreme auf den Biskuit streichen. Kirschen darauf verteilen. Rest Creme daraufstreichen. Den gelierenden Kirschsaft in großen Klecksen daraufgeben und sofort mit einer Gabel marmorartig durch die obere Cremeschicht ziehen. Mind. 5 Stunden kalt stellen. Von der Schokolade mit einem Sparschäler feine Späne abziehen. Torte mit Rest Kirschen und Schokospänen verzieren.

ZUBEREITUNGSZEIT ca. 1 Std. + Wartezeit ca. 6 Std.
STÜCK ca. 170 kcal
E 5 g · F 6 g · KH 23 g

Kirsch-Käsesahnetorte

ZUTATEN FÜR CA. 12 STÜCKE

- 2 Eier (Gr. M) ♥ Salz
- 75 g + 75 g + 100 g Zucker
- 75 g Mehl ♥ 25 g Speisestärke
- 1 gestrichener TL Backpulver
- 500 g frische Kirschen + ¼ l Kirschnektar oder 1 Glas (720 ml) Kirschen
- 1 Päckchen Rote-Grütze-Pulver (z. B. Himbeer; für ½ l Flüssigkeit)
- 10 Blatt weiße Gelatine
- 750 g Magerquark
- 1 Päckchen Vanillezucker
- abgeriebene Schale und Saft von 1 Bio-Zitrone ♥ 600 g Schlagsahne
- 75–100 g Mandelblättchen
- 1–2 TL flüssiger Honig
- etwas Puderzucker ♥ Backpapier

1 Eine Springform (26 cm Ø) am Boden mit Backpapier auslegen. Eier trennen. Eiweiß und 1 Prise Salz steif schlagen, dabei 75 g Zucker einrieseln lassen. Eigelb einzeln darunterschlagen. Mehl, Stärke und Backpulver daraufsieben, unterheben. Masse in die Form streichen. Im heißen Ofen (E-Herd: 175 °C/ Umluft: 150 °C/Gas: s. Hersteller) ca. 18 Minuten backen. Auskühlen lassen.

2 Kirschen waschen, entstielen und entsteinen. Kirschen aus dem Glas abtropfen lassen, den Saft dabei auffangen. Grützepulver und 75 g Zucker mischen. Mit 5 EL Wasser verrühren. 200 ml Wasser und ¼ l Kirschnektar aufkochen. Vom Herd ziehen. Pulver einrühren und kurz aufkochen. Kirschen unterheben. Ca. 15 Minuten abkühlen lassen.

3 Gelatine kalt einweichen. Quark, 100 g Zucker, Vanillezucker, Zitronenschale und -saft verrühren. Gelatine ausdrücken, bei schwacher Hitze auflösen. 3 EL Quark einrühren, dann unter den Rest Quark rühren. 10 Minuten kalt stellen, bis er zu gelieren beginnt. Sahne steif schlagen und unterheben. Tortenring um den Biskuit legen. Creme daraufstreichen. Kirschen sofort darauf verteilen, damit sie leicht einsinken. Mind. 4 Stunden kalt stellen.

4 Mandeln ohne Fett rösten und auskühlen lassen. Tortenring entfernen. Biskuitrand mit Honig bestreichen. Mandeln an den Tortenrand drücken. Mit Puderzucker bestäuben.

ZUBEREITUNGSZEIT ca. 1 ¼ Std. + Wartezeit ca. 5 Std.
STÜCK ca. 320 kcal
E 10 g · F 16 g · KH 31 g

Saftiger Grieß-Kirschkuchen

ZUTATEN FÜR CA. 16 STÜCKE

- 750–800 g Süßkirschen
- Fett und Mehl für die Springform
- 200 g + 15 g Butter ♥ 250 g Mehl
- 50 g gemahlene Haselnüsse
- 125 g + 75 g + 25 g Zucker
- 2 Päckchen Vanillezucker
- Salz ♥ 700 ml + 50 ml Milch
- abgeriebene Schale von ½ Bio-Zitrone
- 75 g Hartweizengrieß ♥ 3 Eier (Gr. M)

1 Kirschen waschen, entstielen und entsteinen. Eine eckige (24 x 24 cm) oder runde (26 cm Ø) Springform fetten und mit Mehl ausstäuben.

2 200 g Butter bei schwacher Hitze schmelzen. Mehl, Haselnüsse, 125 g Zucker, 1 Päckchen Vanillezucker und 1 Prise Salz mischen. Die geschmolzene Butter zum Mehlgemisch gießen, dabei mit den Knethaken des Rührgerätes unterkneten. Zum Schluss kurz mit den Händen zu Streuseln verkneten. Ca. ⅔ Streuselteig in der Form verteilen, als Boden andrücken.

3 700 ml Milch, 75 g Zucker, 1 Päckchen Vanillezucker, Zitronenschale, 15 g Butter und 1 Prise Salz aufkochen. Grieß unter Rühren einrieseln lassen. Bei schwacher Hitze offen ca. 5 Minuten ausquellen lassen, dabei zwischendurch öfter umrühren.

4 Eier trennen. Eiweiß kalt stellen. Eigelb und 50 ml Milch verquirlen und unter den Grießpudding rühren. Topf vom Herd ziehen und offen ca. 10 Minuten nachquellen lassen, dabei öfter umrühren.

5 Eiweiß und 1 Prise Salz steif schlagen, dabei 25 g Zucker einrieseln lassen. Erst Eischnee, dann Kirschen unter den Grießpudding heben. In die Form füllen. Rest Streusel darüberstreuen, dabei zwischen den Fingern zerreiben. Im vorgeheizten Ofen (E-Herd: 200 °C/ Umluft: 175 °C/Gas: s. Hersteller) auf der untersten Schiene ca. 40 Minuten backen. Herausnehmen und in der Form ca. 3 Stunden auskühlen lassen.

ZUBEREITUNGSZEIT ca. 2 Std. + Wartezeit ca. 3 Std.
STÜCK ca. 330 kcal
E 6 g · F 16 g · KH 38 g

Pfirsich-Panna-cotta-Torte

ZUTATEN FÜR CA. 16 STÜCKE

- Fett und Mehl für die Form
- 200 g Marzipanrohmasse
- 4 Eier (Gr. M)
- 12 Blatt weiße Gelatine
- 750 g + 250 g Schlagsahne
- 100 g Zucker
- 5 Päckchen Vanillezucker
- 6 reife frische Pfirsiche oder 1–1 ½ Dosen (à 850 ml) Pfirsiche
- 3 EL Mandelkerne ohne Haut
- ca. 2 EL Aprikosenkonfitüre

1 Springform (26 cm Ø) fetten und mit Mehl ausstäuben. Marzipan grob raspeln. Marzipan und Eier mit dem Rührgerät 10–15 Minuten glatt und dickcremig schlagen. Masse in die Form streichen. Im vorgeheizten Backofen (E-Herd: 175 °C/Umluft: 150 °C/Gas: s. Hersteller) ca. 25 Minuten backen (nach ca. 15 Minuten abdecken). In der Form auskühlen lassen.

2 Gelatine kalt einweichen. 750 g Sahne, Zucker und Vanillezucker aufkochen. Unter Rühren ca. 15 Minuten köcheln. In eine Schüssel gießen. Gelatine ausdrücken und darin auflösen. Auskühlen lassen, dabei öfter umrühren.

3 Pfirsiche kreuzweise einritzen, mit kochendem Wasser überbrühen. Dann abschrecken und die Haut abziehen. Pfirsiche halbieren und entsteinen (Dosenfrüchte abtropfen lassen).

4 Einen Tortenring um den Tortenboden schließen. Die ausgekühlte Vanillesahne ca. 10 Minuten kalt stellen, bis sie zu gelieren beginnt. 250 g Sahne steif schlagen und unter die Vanillesahne heben. Auf den Tortenboden streichen. Pfirsiche vorsichtig darauflegen. Mind. 7 Stunden kalt stellen.

5 Mandeln ohne Fett rösten, auskühlen lassen. Vorm Servieren Tortenring entfernen. Konfitüre erwärmen, durch ein Sieb streichen. Torte damit bestreichen und mit Mandeln verzieren.

ZUBEREITUNGSZEIT ca. 2 Std. + Wartezeit mind. 8 Std.
STÜCK ca. 350 kcal
E 5 g · F 26 g · KH 21 g

Lässt sich gut einfrieren

Aprikosenkuchen mit Marzipancreme

ZUTATEN FÜR CA. 24 STÜCKE

- 400 g + etwas Mehl
- 75 g + 2 EL Zucker
- 1 Päckchen Vanillezucker
- Salz • 1 Ei (Gr. M)
- 50 g + etwas weiche Butter
- 200 ml + ½ l Milch
- 1 Würfel (42 g) Hefe
- 100 g kalte Marzipanrohmasse
- 2 leicht gehäufte TL (12 g) Speisestärke
- 1 Päckchen Vanillepuddingpulver
- 1,25–1,5 kg frische Aprikosen oder 2 Dosen (à 850 ml) Aprikosen
- 50 g Mandelblättchen
- 150–200 g Aprikosenkonfitüre
- Frischhaltefolie

1 400 g Mehl, 75 g Zucker, Vanillezucker und 1 Prise Salz mischen. Ei und 50 g Butter in Stückchen zugeben. 200 ml Milch lauwarm erwärmen. Hefe hineinbröckeln und darin auflösen. Hefemilch zum Mehl gießen. Alles mit den Knethaken des Rührgerätes glatt verkneten. Zugedeckt an einem warmen Ort ca. 45 Minuten gehen lassen.

2 Marzipan raspeln. 400 ml Milch aufkochen. Stärke, Puddingpulver, 2 EL Zucker und 100 ml Milch verrühren. In die kochende Milch rühren, 1 Minute unter Rühren köcheln. Marzipan darin auflösen. Folie direkt auf die Puddingoberfläche legen. Abkühlen lassen.

3 Eine Fettpfanne (ca. 32 x 39 cm; ca. 3,5 cm tief) fetten. Teig auf etwas Mehl nochmals durchkneten. Dabei noch etwas Mehl unterkneten, wenn der Teig zu feucht ist. Auf die Fettpfanne legen. Mit bemehlten Händen zum flachen Boden drücken, am Rand etwas hochdrücken. Zugedeckt an einem warmen Ort ca. 30 Minuten gehen lassen.

4 Aprikosen waschen und trocken tupfen. Früchte halbieren, entsteinen und je nach Größe evtl. nochmals halbieren (Dosenfrüchte abtropfen lassen). Pudding glatt rühren und auf den Teig streichen. Aprikosen mit der Wölbung nach oben darauflegen.

5 Kuchen im vorgeheizten Backofen (E-Herd: 175 °C/Umluft: 150 °C/Gas: s. Hersteller) ca. 35 Minuten backen. Mandelblättchen in einer Pfanne ohne Fett goldgelb rösten und herausnehmen. Konfitüre erhitzen. Den Kuchen aus dem Ofen nehmen. Sofort mit der warmen Konfitüre bestreichen und mit den Mandelblättchen bestreuen.

ZUBEREITUNGSZEIT ca. 1 ½ Std. + Gehzeit ca. 1 ¼ Std. + Wartezeit
STÜCK ca. 200 kcal
E 5 g · F 6 g · KH 31 g

Lässt sich gut einfrieren

Nektarinen-Joghurtschnitten

ZUTATEN FÜR CA. 20 STÜCKE

- 3 Eier (Gr. M) ♥ Salz
- 125 g + 75 g Zucker
- 100 g Mehl
- 40 g Speisestärke
- 1 gehäufter TL Backpulver
- 16 Blatt weiße Gelatine
- 7 mittelgroße Nektarinen (ca. 750 g)
- 1,5 kg Vollmilchjoghurt
- 2 Päckchen Vanillezucker
- 100 g weiße Schokolade
- 500 g Schlagsahne
- gehackte Pistazien zum Verzieren
- Backpapier ♥ Alufolie

1 Ein Backblech (ca. 35 x 40 cm) mit Backpapier auslegen. Eier trennen. Eiweiß, 3 EL kaltes Wasser und 1 Prise Salz steif schlagen, dabei 125 g Zucker einrieseln lassen. Eigelb einzeln darunterschlagen. Mehl, Stärke und Backpulver daraufsieben und unterheben. Auf das Blech streichen. Im vorgeheizten Backofen (E-Herd: 200 °C/ Umluft: 175 °C/Gas: s. Hersteller) ca. 12 Minuten backen. Auskühlen lassen.

2 Gelatine in kaltem Wasser einweichen. 4 Nektarinen waschen, halbieren, entsteinen. Fruchtfleisch klein würfeln. Biskuit senkrecht halbieren, sodass 2 kleinere Platten entstehen. Je auf ein Tablett legen und eine Schiene aus mehrfach gefalteter Alufolie (ca. 7 cm hoch) um die Biskuitplatten legen.

3 Joghurt, 75 g Zucker und Vanillezucker verrühren. Gelatine ausdrücken und bei schwacher Hitze auflösen. 10 EL Joghurt löffelweise einrühren, dann unter den übrigen Joghurt rühren. Ca. 15 Minuten kalt stellen, bis er zu gelieren beginnt.

4 Schokolade grob raspeln. Sahne steif schlagen. Nektarinenwürfel, Sahne und ⅔ Schokolade unter den Joghurt heben. Masse auf beide Biskuitplatten streichen und mind. 4 Stunden kalt stellen.

5 Kuchen in ca. 20 Stücke schneiden. 3 Nektarinen waschen, entsteinen und in dünne Scheiben schneiden. Die Joghurtschnitten mit Nektarinenscheiben, übrigen Schokoraspeln und Pistazien verzieren.

ZUBEREITUNGSZEIT ca. 1 ¼ Std. + Wartezeit ca. 5 Std.
STÜCK ca. 270 kcal
E 7 g · F 14 g · KH 28 g

Lassen sich ohne Verzierung gut einfrieren

Aprikosen-Mandelkuchen

ZUTATEN FÜR CA. 12 STÜCKE

- 800 g frische Aprikosen oder 3 Dosen (à 425 ml) Aprikosen
- Fett und Mehl für die Form
- 200 g Mehl
- 2 gestrichene TL Backpulver
- 75 g + 100 g + 1 EL Zucker
- 1 Päckchen Vanillezucker ♥ Salz
- 2 Eier (Gr. M)
- 100 g kalte Butter
- 125 g Schlagsahne
- 100 g gemahlene Mandeln (ohne Haut)
- 50 g Mandelblättchen
- Puderzucker zum Bestäuben
- evtl. Alufolie

1 Aprikosen waschen, halbieren und entsteinen (Dosenfrüchte abtropfen lassen). Eine Springform (26 cm Ø) fetten und mit Mehl ausstäuben.

2 200 g Mehl, Backpulver, 75 g Zucker, Vanillezucker, 1 Prise Salz, 1 Ei und 100 g Butter in Stückchen erst mit den Knethaken des Rührgerätes, dann mit den Händen rasch zu einem glatten Teig verkneten. Den Teig gleichmäßig als Boden in die Springform drücken. Mit einer Gabel mehrmals einstechen.

3 Sahne steif schlagen, dabei 100 g Zucker einrieseln lassen. 1 Ei verquirlen. Ei und gemahlene Mandeln mit einem Schneebesen unter die Sahne heben. Mandelmasse gleichmäßig auf den Boden streichen. Aprikosen mit der gewölbten Seite nach unten dicht an dicht auf die Mandelmasse legen.

4 Kuchen mit Mandelblättchen und anschließend mit 1 EL Zucker bestreuen. Im vorgeheizten Backofen (E-Herd: 200 °C/Umluft: 175 °C/Gas: s. Hersteller) ca. 45 Minuten backen. Evtl. kurz vor Backzeitende mit Alufolie abdecken. Kuchen herausnehmen und in der Form auskühlen lassen. Aus der Form lösen und mit Puderzucker bestäuben. Dazu schmeckt Schlagsahne.

ZUBEREITUNGSZEIT ca. 1 ½ Std.
STÜCK ca. 360 kcal
E 5 g · F 19 g · KH 40 g

Lässt sich gut einfrieren

Stracciatella-Marmorkuchen mit Aprikosen

ZUTATEN FÜR CA. 24 STÜCKE

- Fett für die Fettpfanne
- 2 Dosen (à 425 ml) Aprikosen
- 550 g Mehl ♥ 100 g Speisestärke
- 1 ½ Päckchen Backpulver
- 200 g + 75 g Zucker
- 1 Päckchen Vanillezucker ♥ Salz
- 375 g weiche Butter
- 6 Eier (Gr. M) ♥ 200 ml + 5 EL Milch
- 3 EL Raspelschokolade (Zartbitter)
- 75 g Kakao
- Puderzucker zum Bestäuben

Lässt sich gut einfrieren

1 Eine Fettpfanne (32 x 39 cm; mind. 3,5 cm tief) fetten. Aprikosen gut abtropfen lassen. Mehl, Stärke, Backpulver, 200 g Zucker, Vanillezucker, 1 Prise Salz, Butter in Stückchen, Eier und 200 ml Milch in eine Schüssel geben. Mit den Schneebesen des Rührgerätes verrühren, bis sich alles gut vermischt hat.

GELINGT RUCK, ZUCK

Hier machen Sie einen sogenannten ***All-in-one-Teig,*** *bei dem alle Zutaten gleichzeitig in die Rührschüssel kommen und dann cremig verrührt werden. Ganz nach Belieben können Sie auch andere Früchte nehmen.*

2 Teig halbieren. Raspelschokolade unter eine Teighälfte rühren. Unter die andere Teighälfte 75 g Zucker, Kakao und 5 EL Milch rühren.

3 Beide Teige abwechselnd als Kleckse auf die Fettpfanne geben, mit einer Gabel spiralförmig durchziehen und glatt streichen.

4 Aprikosen mit der Wölbung nach oben auf dem Teig verteilen, leicht andrücken. Im vorgeheizten Backofen (E-Herd: 200 °C/Umluft: 175 °C/Gas: s. Hersteller) ca. 35 Minuten backen. Auskühlen lassen. Vorm Servieren mit Puderzucker bestäuben.

ZUBEREITUNGSZEIT ca. 50 Min.
STÜCK ca. 320 kcal
E 5 g · F 16 g · KH 37 g

Aprikosen-Streuselkuchen

ZUTATEN FÜR CA. 24 STÜCKE

- Fett und Mehl für die Fettpfanne
- 600 g Mehl
- 100 g gehackte Mandeln
- 275 g Zucker
- 1 Päckchen Vanillezucker
- Salz ♥ 325 g weiche Butter
- 1 Ei (Gr. M)
- 250 g Aprikosenkonfitüre
- 1,2–1,5 kg frische Aprikosen oder 3 Dosen (à 850 ml) Aprikosen
- Puderzucker zum Bestäuben

1 Eine Fettpfanne (ca. 32 x 39 cm; ca. 3,5 cm tief) fetten und mit Mehl ausstäuben. Mehl, Mandeln, Zucker, Vanillezucker, 1 Prise Salz, Butter in Stückchen und Ei in eine Rührschüssel füllen. Erst alles mit den Knethaken des Rührgerätes und dann kurz mit den Händen zu Streuseln verkneten. Knapp ¾ der Streusel auf der Fettpfanne verteilen und als Boden andrücken, dabei am Rand ca. 2 cm hochdrücken.

2 Konfitüre glatt rühren und dünn auf den Streuselboden streichen. Aprikosen waschen, halbieren und entsteinen (Dosenfrüchte abtropfen lassen). Auf der Konfitüreschicht verteilen. Übrigen Streuselteig daraufstreuen, dabei zwischen den Fingern zerreiben.

3 Kuchen im vorgeheizten Backofen (E-Herd: 200 °C/Umluft: 175 °C/Gas: s. Hersteller) auf der untersten Schiene ca. 50 Minuten backen. Auskühlen lassen. Mit Puderzucker bestäuben.

ZUBEREITUNGSZEIT ca. 1 ½ Std.
STÜCK ca. 310 kcal
E 4 g · F 14 g · KH 40 g

STREUSELSCHULE: *Zutaten erst mit den Knethaken verkneten, dann mit den Händen zerreiben. So werden die Streusel schön gleichmäßig*

Aprikosenkuchen mit Walnüssen

ZUTATEN FÜR CA. 20 STÜCKE

- 1,5 kg frische Aprikosen oder 2 Dosen (à 850 ml) Aprikosen
- Fett und Mehl für die Fettpfanne
- 50 g Zartbitterschokolade
- 50 g + ca. 150 g Walnusskerne
- 250 g weiche Butter
- 200 g Zucker
- 1 Päckchen Vanillezucker
- Salz ♥ 4 Eier (Gr. M)
- 1–2 EL Rum
- 300 g Mehl
- 1 gestrichener TL Backpulver
- Puderzucker zum Bestäuben

1 Frische Aprikosen waschen, halbieren und entsteinen (Dosenfrüchte gut abtropfen lassen). Eine Fettpfanne (ca. 32 x 39 cm; mind. 3,5 cm tief) fetten und mit Mehl ausstäuben. Schokolade fein reiben. 50 g Walnusskerne fein hacken.

2 Butter, Zucker, Vanillezucker und 1 Prise Salz mit den Schneebesen des Rührgerätes cremig rühren. Eier nacheinander unterrühren. Rum einrühren. Mehl und Backpulver mischen und kurz unterrühren. Dann Schokolade und gehackte Walnüsse unterheben. Teig gleichmäßig auf die Fettpfanne streichen.

3 Die Aprikosenhälften mit der Wölbung nach unten dicht an dicht auf dem Teig verteilen. Mit 150 g Walnusshälften belegen.

4 Im vorgeheizten Backofen (E-Herd: 200 °C/Umluft: 175 °C/Gas: s. Hersteller) ca. 25 Minuten backen. Kuchen auskühlen lassen und mit Puderzucker bestäuben. Dazu schmeckt Schlagsahne.

ZUBEREITUNGSZEIT ca. 1 Std.
STÜCK ca. 310 kcal
E 5 g · F 18 g · KH 30 g

Lässt sich gut einfrieren

HEISS AUF EIS

Bei sommerlichen Temperaturen superlecker: Servieren Sie den Kuchen mit ***1 Kugel Eis*** *anstelle geschlagener Sahne! Dann evtl. nicht völlig auskühlen lassen, damit das Eis auf dem Kuchen leicht zu schmelzen beginnt.*

Käsekuchen mit Aprikosen & Beeren

ZUTATEN FÜR CA. 20 STÜCKE

- Fett für die Fettpfanne
- 400 g + 350 g + etwas Mehl
- 75 g + 175 g + 200 g Zucker
- Salz ♥ 200 ml Milch
- 1 Würfel (42 g) Hefe
- 75 g + 175 g + 100 g weiche Butter
- 8 Eier (Gr. M)
- 3 Päckchen Vanillezucker
- Mehl zum Ausrollen
- 750 g Aprikosen ♥ 375 g Brombeeren
- 1,25 kg Magerquark
- abgeriebene Schale von 1 Bio-Zitrone
- 1 Päckchen Vanillepuddingpulver
- 5–6 EL (50–60 g) Semmelbrösel

1 Eine Fettpfanne (ca. 32 x 39 cm; mind. 3,5 cm tief) fetten. 400 g Mehl, 75 g Zucker und 1 Prise Salz mischen. Milch lauwarm erwärmen. Hefe hineinbröckeln und darin auflösen. 75 g Butter in Stückchen, 1 Ei und Hefemilch zur Mehlmischung geben. Alles mit dem Rührgerät glatt verkneten. Zugedeckt an einem warmen Ort ca. 45 Minuten gehen lassen.

2 Für die Streusel 350 g Mehl, 175 g Zucker, 1 Päckchen Vanillezucker, 1 Prise Salz, 175 g Butter in Stückchen und 1 Ei erst mit den Knethaken des Rührgerätes, dann mit den Händen zu Streuseln verarbeiten und ca. 30 Minuten kalt stellen.

3 Hefeteig nochmals gut durchkneten, dann mit etwas Mehl bestäuben und auf der Fettpfanne ausrollen. Dabei am Rand in die Ecken drücken. Zugedeckt ca. 30 Minuten gehen lassen.

4 Aprikosen waschen, halbieren und entsteinen. Brombeeren verlesen, waschen. 100 g Butter bei schwacher Hitze schmelzen, ca. 5 Minuten abkühlen lassen. Quark, 6 Eier, 200 g Zucker, 2 Päckchen Vanillezucker, Zitronenschale und Puddingpulver verrühren. Die geschmolzene Butter einrühren.

5 Hefeteig mit Semmelbröseln bestreuen. Quarkmasse daraufstreichen und mit dem Obst belegen. Dann den Streuselteig auf den Kuchen streuen. Im vorgeheizten Backofen (E-Herd: 175 °C/Umluft: 150 °C/Gas: s. Hersteller) ca. 45 Minuten backen. Auskühlen lassen.

ZUBEREITUNGSZEIT ca. 1 ¾ Std. + Gehzeit ca. 1 ¼ Std. + Wartezeit
STÜCK ca. 470 kcal
E 17 g · F 18 g · KH 57 g

Tipps aus der Versuchsküche

Damit Ihnen alles gut gelingt, haben wir noch diese nützlichen Tricks für Sie

ZERBRÖSELN

Eine saubere Sache: Zwieback, Kekse oder Cornflakes für Tortenböden „ohne Backen" am besten in einen großen Gefrierbeutel geben, den Beutel verschließen und dann mit der Kuchenrolle alles fein zerbröseln.

HALBE KUCHENMENGE

Wenn's mal weniger sein soll: Halbieren Sie die Mengen bei Rezepten für ein Backblech und backen Sie den Kuchen in einer 26er-Springform. Ebenso können Sie die Mengen der Zutaten für eine 26er-Springform halbieren und in einer 18er-Form backen. Die Backzeiten bleiben gleich.

EINFETTEN

Damit sich der Kuchen nach dem Backen leicht aus der Form löst, diese gut fetten und am besten zusätzlich mit Semmelbröseln oder Mehl ausstäuben. Wer mag, stellt sie bis zum Backen kalt.

MÜRBETEIG KNETEN

Mürbeteig mag es gern kalt. Stellen Sie deshalb Butter und Eier vorher in den Kühlschrank. Den Teig mit kühlen Händen so kurz wie nötig kneten. Ist er brüchig, 1–2 EL eiskaltes Wasser zufügen. In Folie wickeln und ca. 30 Minuten kalt stellen.

STÜRZHILFE

Falls der Kuchen nicht aus der Form möchte: Ein feuchtes Geschirrtuch um die Form legen und den Kuchen ca. 10 Minuten ruhen lassen. Danach lässt er sich einfach herauslösen.

STÄBCHENPROBE

Um zu prüfen, ob der Kuchen fertig ist, mit einem Holzstäbchen in die Mitte des Kuchens stechen. Bleibt feuchter Teig daran kleben, noch einige Minuten weiterbacken.

BACKPAPIER FIXIEREN

Damit sich das Backpapier, z. B. beim Plätzchenbacken, nicht immer wieder aufrollt oder verrutscht, am besten mit etwas Fett (Butter oder Öl) aufs Backblech „kleben".

EINFRIEREN

Torten mit Sahne zunächst 2 Stunden vorfrieren. Damit die Deko nicht beschädigt wird, Holzstäbchen zwischen die Tuffs stecken und mit Folie abdecken. Dann in Alufolie einpacken und evtl. in Gefrierbeutel stecken.

HERBST

Rezepte für Apfelkuchen kann man einfach nicht genug haben! Aber auch unsere Pflaumen- und Käsekuchen werden auf Ihrer Kaffeetafel glänzen

APFELKUCHEN 94

BIRNE & TRAUBE 108

KÄSEKUCHEN 116

PFLAUMENKUCHEN 126

Apfel-Eierlikör-Kuchen

ZUTATEN FÜR CA. 16 STÜCKE

- 2 kg Äpfel (z. B. Delbar Estival)
- abgeriebene Schale und 3–4 EL Saft von ½ Bio-Zitrone
- ¼ l Eierlikör ♥ 75 g + 175 g + 75 Zucker
- 1 Päckchen Vanillepuddingpulver
- 15 g Speisestärke ♥ 375 g + etwas Mehl
- Salz ♥ 200 g kalte + etwas + 50 g Butter
- 1 Ei (Gr. M) ♥ 125 g Johannisbeergelee
- 2 EL (25 g) Semmelbrösel
- 100 g Mandelkerne (ohne Haut)
- 2 EL Milch ♥ Puderzucker zum Bestäuben

1 Äpfel schälen, entkernen und in Stücke schneiden. Mit Zitronensaft, Likör und 75 g Zucker in einem großen Topf mischen. Unter Rühren aufkochen und zugedeckt 2–4 Minuten köcheln, bis die Äpfel weich, aber noch bissfest sind. Puddingpulver, Stärke und 6 EL Wasser verrühren. Ins Kompott rühren. Unter Rühren ca. 1 Minute köcheln. Auskühlen lassen.

2 375 g Mehl, 175 g Zucker, 1 Prise Salz, Zitronenschale, 200 g Butter in Stückchen und Ei erst mit dem Rührgerät, dann kurz mit den Händen glatt verkneten. Zugedeckt ca. 1 Stunde kalt stellen.

3 Springform (26 cm Ø) fetten, mit Mehl ausstäuben. Teig kurz durchkneten. ⅔ Teig auf etwas Mehl rund (ca. 36 cm Ø) ausrollen. Form damit auslegen, dabei am Rand andrücken. Teigboden mit Gelee bestreichen. Semmelbrösel daraufstreuen, Kompott darauf verteilen. Rest Teig rund (ca. 26 cm Ø) ausrollen, aufs Kompott legen. Teigränder zusammendrücken, überstehenden Teig abschneiden. Im vorgeheizten Ofen (E-Herd: 200 °C/Umluft: 175 °C/ Gas: s. Hersteller) auf unterster Schiene ca. 40 Minuten backen.

4 Mandeln grob hacken. Mit 50 g Butter und 75 g Zucker kurz aufkochen. Milch einrühren, vom Herd ziehen, ca. 10 Minuten abkühlen lassen. Auf dem Kuchen verteilen, dabei 1–2 cm Rand lassen. Ca. 10 Minuten weiterbacken. Vom Rand lösen. In der Form auskühlen lassen und über Nacht kalt stellen. Mit Puderzucker bestäuben.

ZUBEREITUNGSZEIT ca. 2 Std. + Wartezeit mind. 8 Std.
STÜCK ca. 500 kcal
E 6 g · F 19 g · KH 67 g

Apfel-Marzipan-Torte

ZUTATEN FÜR CA. 16 STÜCKE

- Fett und Mehl für die Form
- 250 g + etwas Mehl
- 125 g kalte Butter
- 2 EL + etwas Puderzucker
- 1 Ei (Gr. M)
- 75 g Rosinen
- 2 kg säuerliche Äpfel (z. B. Elstar)
- 6 EL Zitronensaft
- ½ l Apfelsaft
- 100 g Zucker
- 1 ½ Päckchen Vanillepuddingpulver
- 100 g Marzipanrohmasse
- 3 EL Mandelblättchen
- 2 EL Aprikosenkonfitüre
- Backpapier
- ca. 1 kg Trockenerbsen zum Blindbacken

1 Springform (26 cm Ø) fetten und mit Mehl ausstäuben. 250 g Mehl, 125 g Butter in Stückchen, 2 EL Puderzucker, Ei und 1–2 EL kaltes Wasser erst mit dem Rührgerät und dann kurz mit den Händen glatt verkneten. Zugedeckt ca. 30 Minuten kalt stellen.

2 Mürbeteig auf etwas Mehl rund (ca. 35 cm Ø) ausrollen. Form damit auslegen, dabei am Rand andrücken. Teigboden mit einer Gabel mehrmals einstechen, mit Backpapier belegen und Erbsen einfüllen. Im vorgeheizten Ofen (E-Herd: 200 °C/Umluft: 175 °C/Gas: s. Hersteller) ca. 20 Minuten vorbacken.

3 Rosinen waschen und abtropfen lassen. Äpfel schälen, vierteln, entkernen. 8 Apfelviertel (ca. 300 g) in dünne Spalten, Rest in Stücke schneiden. Apfelspalten mit 2 EL Zitronensaft beträufeln. Apfelstücke mit 400 ml Apfelsaft, 4 EL Zitronensaft, Zucker und Rosinen in einen Topf geben und offen 1–2 Minuten köcheln. Puddingpulver und 100 ml Apfelsaft verrühren. In die Äpfel rühren, ca. 1 Minute weiterköcheln, sodass sie noch bissfest sind. Ca. 5 Minuten abkühlen lassen.

4 Kuchen herausnehmen und Backpapier samt Erbsen entfernen. Marzipan grob raspeln, auf dem Kuchenboden verteilen. Kompott darauf verteilen, mit Apfelspalten belegen. Mandeln am Rand daraufstreuen. Bei gleicher Temperatur ca. 30 Minuten backen.

5 Konfitüre erwärmen, durch ein Sieb streichen. Apfelspalten damit bestreichen, ca. 15 Minuten weiterbacken. Auskühlen lassen. Über Nacht kalt stellen. Mit Puderzucker bestäuben.

ZUBEREITUNGSZEIT ca. 2 Std. + Wartezeit ca. 14 Std.
STÜCK ca. 270 kcal
E 4 g · F 11 g · KH 38 g

Lässt sich gut einfrieren

Altländer Apfelkuchen

ZUTATEN FÜR CA. 12 STÜCKE

- Fett für die Form
- 750 g Äpfel (z. B. Jonagold)
- 2–3 EL Zitronensaft
- 125 g Butter ♥ Salz
- 100 g Zucker
- 1 Päckchen Vanillezucker
- 2 Eier (Gr. M)
- 175 g Mehl
- 2 TL Backpulver
- 2 EL Mandelblättchen
- 2 EL Aprikosenkonfitüre
- 1 EL Puderzucker zum Bestäuben

1 Springform (26 cm Ø) fetten. Äpfel schälen, halbieren und entkernen. Die Oberseiten mehrmals einschneiden und mit Zitronensaft beträufeln.

2 Butter, 1 Prise Salz, Zucker und Vanillezucker mit den Schneebesen des Rührgerätes cremig rühren. Eier nacheinander unterrühren. Mehl und Backpulver mischen und portionsweise unterrühren.

3 Teig in die Form streichen. Äpfel dicht an dicht mit der Wölbung nach oben darauf verteilen. Den Rand mit Mandelblättchen bestreuen. Im vorgeheizten Backofen (E-Herd: 175 °C/ Umluft: 150 °C/Gas: s. Hersteller) ca. 40 Minuten backen.

4 Inzwischen Konfitüre erwärmen. Kuchen herausnehmen und mit Konfitüre bestreichen. Kuchen auskühlen lassen. Mit Puderzucker bestäuben. Dazu schmeckt Schlagsahne.

ZUBEREITUNGSZEIT ca. 1 ¼ Std. + Wartezeit
STÜCK ca. 230 kcal
E 3 g · F 11 g · KH 28 g

MUSTERMACHER: Die Apfelviertel können Sie mit einer Gabel einritzen – oder mit einem kleinen Messer mehrmals einschneiden

Lässt sich gut einfrieren

Gedeckter Apfelkuchen

ZUTATEN FÜR CA. 12 STÜCKE

- Fett und Mehl für die Form
- 300 g Mehl
- 75 g + 75 g gemahlene Mandeln (ohne Haut)
- 175 g + 125 g Zucker
- 2 Päckchen Vanillezucker
- Salz ♥ 150 g kalte Butter
- 1 Ei (Gr. M) ♥ Mehl zum Ausrollen
- 40 g Speisestärke
- ½ gestrichener TL Zimt
- 1,2 kg säuerliche Äpfel (z. B. Boskop)
- 3 EL Semmelbrösel
- 125 g Puderzucker
- 2–3 EL Zitronensaft
- Backpapier

1 Eine Springform (26 cm Ø; ca. 8 cm hoch) fetten und mit Mehl ausstäuben. Mehl, 75 g Mandeln, 175 g Zucker, 1 Päckchen Vanillezucker, 1 Prise Salz, Butter in Stückchen und Ei erst mit den Knethaken des Rührgerätes, dann kurz mit den Händen glatt verkneten.

2 Gut ⅔ Teig auf etwas Mehl zum Kreis (ca. 34 cm Ø) ausrollen. Die Form damit auslegen, dabei den Teig an den Formrand drücken. Teig am Boden mit einer Gabel mehrmals einstechen. Ca. 45 Minuten kalt stellen. Rest Teig zur Kugel formen und ca. 30 Minuten kalt stellen.

3 75 g Mandeln, Stärke, 125 g Zucker, 1 Päckchen Vanillezucker und Zimt mischen. Äpfel schälen, vierteln, entkernen und in Würfel schneiden. Dann mit der Mandelmischung vermengen.

4 Teigkugel mit Mehl bestäuben, auf Backpapier zum Kreis (26 cm Ø) ausrollen. Mit der Gabel mehrmals einstechen. Semmelbrösel auf den Teigboden in der Springform streuen. Apfelmischung darauf verteilen und fest andrücken. Teigkreis mithilfe des Backpapiers auf die Apfelmischung legen. Papier abziehen und den Kreis am Rand andrücken. Im vorgeheizten Ofen (E-Herd: 175 °C/Umluft: 150 °C/Gas: s. Hersteller) ca. 1 Stunde backen.

5 Kuchen auf ein Kuchengitter setzen, sofort mit einem Messer vom Formrand lösen. Ca. 15 Minuten in der Form abkühlen lassen. Puderzucker und Zitronensaft verrühren, Guss auf dem Kuchen verteilen. Kuchen in der Form auskühlen lassen, mind. 6 Stunden kalt stellen. Aus der Form lösen.

ZUBEREITUNGSZEIT ca. 2 Std. + Wartezeit ca. 7 Std.
STÜCK ca. 490 kcal
E 6 g · F 19 g · KH 70 g

Lässt sich gut einfrieren

Apfeltarte mit Calvados

ZUTATEN FÜR CA. 16 STÜCKE

- Fett und Mehl für die Form
- 200 g Mehl
- 125 g + 50 g Zucker
- 2 Päckchen Vanillezucker
- Salz ♥ 5 Eier (Gr. M)
- 100 g kalte Butter
- 750 g Äpfel (z. B. Cox Orange)
- 2–3 EL Zitronensaft
- 150 g Schlagsahne
- 3 EL Calvados (französischer Apfelbrand)
- 2 EL Semmelbrösel
- 2 EL Walnusskerne
- 75 g Quitten- oder Apfelgelee

1 Tarteform mit Hebeboden (26 cm Ø) fetten und mit Mehl ausstäuben. Mehl, 125 g Zucker, 1 Päckchen Vanillezucker und 1 Prise Salz in einer Schüssel mischen. 1 Ei und Butter in Stückchen zufügen. Alles mit dem Rührgerät und dann kurz mit den Händen glatt verkneten. Ca. 30 Minuten kalt stellen.

2 Teig auf etwas Mehl zum Kreis (ca. 32 cm Ø) ausrollen. Tarteform damit auslegen, dabei am Rand in die Rillen drücken. Boden mit einer Gabel mehrmals einstechen. Ca. 30 Minuten kalt stellen.

3 Äpfel schälen, vierteln, entkernen, in Spalten schneiden und mit Zitronensaft beträufeln. Sahne, Calvados, 4 Eier, 50 g Zucker und 1 Päckchen Vanillezucker kurz verrühren.

4 Tarteboden mit Semmelbröseln bestreuen. Äpfel trocken tupfen, darauf verteilen. Calvadosguss darübergießen. Im vorgeheizten Ofen (E-Herd: 175 °C/Umluft: 150 °C/Gas: s. Hersteller) auf der untersten Schiene ca. 55 Minuten backen. Nüsse grob hacken und 5–10 Minuten vor Ende der Backzeit auf die Tarte streuen. Gelee erhitzen. Tarte aus dem Ofen nehmen und mit Gelee bestreichen. Auskühlen lassen. Dazu schmeckt geschlagene Sahne.

ZUBEREITUNGSZEIT ca. 1 ½ Std. + Wartezeit ca. 1 Std.
STÜCK ca. 280 kcal
E 5 g · F 14 g · KH 31 g

Lässt sich gut einfrieren

Mascarpone-Apfeltorte

ZUTATEN FÜR CA. 16 STÜCKE

- 3 Eier (Gr. M) ♥ Salz
- 75 g + 50 g + 125 g Zucker
- 3 Päckchen Vanillezucker
- 50 g Mehl ♥ 25 g Speisestärke
- 1 ½ leicht gehäufte TL Backpulver
- 750 g Äpfel + 1 kleiner Apfel (z. B. Idared)
- 10 EL (100 ml) + 300 ml Apfelsaft
- 1 Päckchen Vanillepuddingpulver
- 75 g Amarettini
- 750 g Magerquark ♥ 750 g Mascarpone
- 5 EL Amaretto ♥ 1 EL Zitronensaft
- Backpapier ♥ Gefrierbeutel

1 Springform (26 cm Ø) am Boden mit Backpapier auslegen. Eier trennen. Eiweiß und 1 Prise Salz steif schlagen, dabei 75 g Zucker und 1 Päckchen Vanillezucker einrieseln lassen. Eigelb einzeln darunterschlagen. Mehl, Stärke und Backpulver mischen, unterheben. Masse in die Form streichen, im vorgeheizten Backofen (E-Herd: 200 °C/ Umluft: 175 °C/Gas: s. Hersteller) ca. 20 Minuten backen. Auskühlen lassen.

2 750 g Äpfel schälen, vierteln, entkernen und würfeln. 5 EL Apfelsaft, Puddingpulver und 50 g Zucker verrühren. 300 ml Apfelsaft und Äpfel aufkochen. Zugedeckt ca. 2 Minuten köcheln, bis die Äpfel weich, aber noch bissfest sind. Angerührtes Puddingpulver einrühren, nochmals aufkochen und ca. 1 Minute köcheln. Kompott auskühlen lassen.

3 Amarettini in den Gefrierbeutel füllen und mit einer Teigrolle grob zerbröseln. Quark, Mascarpone, 2 Päckchen Vanillezucker und 125 g Zucker mit dem Rührgerät kurz verrühren (damit die Masse dickcremig bleibt).

4 Tortenboden waagerecht halbieren. 5 EL Apfelsaft und Amaretto mischen. Böden damit beträufeln. Unteren Boden ca. 1 cm dick mit einem Teil der Mascarponecreme bestreichen. Apfelkompott durchrühren und darauf vorsichtig glatt streichen.

5 Ca. ¼ der übrigen Mascarponecreme auf dem Kompott verteilen und vorsichtig glatt streichen. Dann den oberen Tortenboden darauflegen. Torte mit übriger Mascarponecreme einstreichen. Amarettinibrösel an den Tortenrand drücken. Ca. 45 Minuten kalt stellen.

6 1 Apfel waschen, vierteln, entkernen, in dünne Spalten schneiden und mit Zitronensaft beträufeln. Die Apfeltorte damit verzieren.

ZUBEREITUNGSZEIT ca. 2 Std. + Wartezeit ca. 2 Std.
STÜCK ca. 420 kcal
E 11 g · F 22 g · KH 39 g

Apfelstrudel mit Vanillesoße

ZUTATEN FÜR CA. 16 STÜCKE

- 250 g + etwas Mehl ♥ Salz
- 1 Ei (Gr. M) ♥ 2 EL Öl
- 50 g Mandelstifte
- 50 g Rosinen ♥ 100 g Marzipanrohmasse
- 1 kg Äpfel (z. B. Boskop)
- 4 EL Zucker ♥ 50 g Butter
- 2 EL Semmelbrösel ♥ ½ l Milch
- 1 Päckchen Vanillesoßenpulver
- Puderzucker zum Bestäuben
- Frischhaltefolie ♥ Backpapier

1 250 g Mehl, 1 Prise Salz, Ei, Öl und ca. 100 ml lauwarmes Wasser mit dem Rührgerät verkneten, bis der Teig geschmeidig ist und sich vom Schüsselboden löst. Auf einer nicht bemehlten Arbeitsfläche mit den Händen ca. 12 Minuten weiterkneten, bis er weich und geschmeidig ist. Den Teig dabei mehrmals auf die Arbeitsfläche schlagen. Zur Kugel formen, in Frischhaltefolie wickeln. Bei Zimmertemperatur ca. 45 Minuten ruhen lassen.

2 Mandeln ohne Fett rösten, auskühlen lassen. Rosinen waschen, abtropfen lassen. Marzipan fein raspeln. Äpfel schälen, vierteln und entkernen. In sehr dünne Spalten schneiden und diese halbieren. Äpfel, Mandeln, Rosinen und 2 EL Zucker mischen.

3 Teig auf einem großen, mit Mehl bestäubten Geschirrtuch ca. ½ cm dick ausrollen. Mit beiden Händen mit den Handrücken nach oben unter den Teig gehen und ihn über die Handrücken von der Mitte aus zum Rechteck (ca. 45 x 60 cm) ziehen. Er wird so dünn, dass man das Geschirrtuchmuster darunter sieht.

4 Butter bei schwacher Hitze schmelzen. Teig sehr dünn mit etwas Butter bestreichen. ⅔ des Teiges von der einen schmalen Seite aus mit Semmelbröseln bestreuen. Apfelmischung darauf verteilen, dabei am Rand ca. 2 cm frei lassen. Marzipan daraufstreuen. Teigränder der langen Seiten etwas einschlagen. Teig mithilfe des Geschirrtuchs von der schmalen, mit Äpfeln belegten Seite her aufrollen.

5 Strudel mit der Naht nach unten schräg auf ein mit Backpapier ausgelegtes Backblech legen. Mit Rest Butter einstreichen. Im vorgeheizten Backofen (E-Herd: 200 °C/Umluft: 175 °C/Gas: s. Hersteller) ca. 45 Minuten backen. Strudel ab- bzw. auskühlen lassen.

6 5 EL Milch, 2 EL Zucker und Soßenpulver verrühren. Rest Milch aufkochen. Soßenpulver einrühren und ca. 1 Minute köcheln. Strudel mit Puderzucker bestäuben und mit Vanillesoße servieren.

ZUBEREITUNGSZEIT ca. 2 Std. + Wartezeit ca. 45 Min.
STÜCK ca. 240 kcal
E 5 g · F 10 g · KH 31 g

Apfelküchlein mit Amarettoguss

ZUTATEN FÜR 6 STÜCK

- 3 Äpfel (à ca. 225 g; z. B. Cox Orange)
- Saft von 1 Zitrone
- 75 g Zucker
- 1 Rolle (270 g) frischer Blätterteig (ca. 24 x 42 cm; Kühlregal)
- 1 Eigelb (Gr. M)
- 4 EL Aprikosenkonfitüre
- 3 EL Amaretto oder Apfelsaft
- 4–5 EL brauner Zucker

1 Äpfel schälen, halbieren und entkernen. ¾ l Wasser, Zitronensaft und Zucker aufkochen. Die Äpfel darin bei mittlerer Hitze ca. 10 Minuten kochen, bis sie weich sind. Mit einer Schaumkelle herausheben, abtropfen und ca. 15 Minuten abkühlen lassen.

2 Teig aus dem Kühlschrank nehmen, ca. 10 Minuten ruhen lassen. Dann entrollen, mitsamt Backpapier längs halbieren und jede Hälfte quer in drei Platten schneiden.

3 Teigplatten mit dem Backpapier nach unten in sechs runde ofenfeste Förmchen (ca. 10,5 cm Ø; z. B. Tortelettförmchen mit Hebeboden) legen und leicht hineindrücken. Je 1 Apfelhälfte mit der Wölbung nach oben hineinlegen. Eigelb und 3 EL Wasser verquirlen und Teigränder damit bestreichen. Küchlein im heißen Ofen (E-Herd: 200 °C/Umluft: 175 °C/Gas: s. Hersteller) ca. 14 Minuten backen.

4 Konfitüre durch ein Sieb streichen und mit Amaretto verrühren. Ofen hochschalten (E-Herd: 225 °C/Umluft: 200 °C/Gas: s. Hersteller). Küchlein aus dem Ofen nehmen, Äpfel mit Konfitüre bestreichen und mit braunem Zucker bestreuen. Ca. 4 Minuten weiterbacken. In den Förmchen ca. 10 Minuten abkühlen lassen, dann herauslösen. Warm oder kalt servieren. Dazu schmeckt Crème fraîche.

ZUBEREITUNGSZEIT ca. 50 Min. + Wartezeit
STÜCK ca. 390 kcal
E 4 g · F 16 g · KH 52 g

Apfeltorte mit Baiser

ZUTATEN FÜR CA. 16 STÜCKE

- Fett für die Form
- 3 Eier (Gr. M)
- 100 g weiche Butter
- 100 g + 150 g + 50 g Zucker
- 4 Päckchen Vanillezucker ♥ Salz
- 125 g Mehl ♥ 2 gestrichene TL Backpulver
- 75 ml Milch
- 1–2 EL Mandelblättchen
- 600 g Äpfel (z. B. Elstar)
- 1 Päckchen Vanillepuddingpulver
- 300 ml Apfelsaft
- 500 g Schlagsahne
- 2 Päckchen Sahnesteif
- Puderzucker zum Bestäuben

1 Springform (26 cm Ø) fetten. Eier trennen. Butter, 100 g Zucker, 1 Päckchen Vanillezucker und 1 Prise Salz cremig rühren. Eigelb einzeln unterrühren. Mehl und Backpulver mischen und im Wechsel mit der Milch unterrühren. Teig in die Form streichen.

2 Eiweiß und 1 Prise Salz steif schlagen. Unter weiterem Schlagen 150 g Zucker einrieseln lassen und weiterschlagen, bis sich der Zucker ganz gelöst hat. Locker auf den Teig streichen, dabei am Rand ca. 1 cm frei lassen. Mit Mandeln bestreuen. Im vorgeheizten Backofen (E-Herd: 175 °C/Umluft: 150 °C/Gas: s. Hersteller) ca. 30 Minuten backen (evtl. nach ca. 20 Minuten abdecken). Auskühlen lassen.

3 Äpfel schälen, vierteln, entkernen und würfeln. Puddingpulver und 6 EL Apfelsaft verrühren. Rest Apfelsaft, Äpfel, 50 g Zucker und 1 Päckchen Vanillezucker aufkochen und ca. 3 Minuten zugedeckt köcheln, bis die Äpfel weich, aber noch bissfest sind. Puddingpulver einrühren und ca. 1 Minute köcheln.

4 Tortenboden waagerecht halbieren. Einen Tortenring um den unteren Tortenboden schließen. Das Apfelkompott darauf verteilen und auskühlen lassen.

5 Sahne steif schlagen, dabei Sahnesteif und 2 Päckchen Vanillezucker einrieseln lassen. Auf die Äpfel streichen. Den oberen Tortenboden daraufsetzen. Mind. 2 Stunden kalt stellen. Torte mit Puderzucker bestäuben.

ZUBEREITUNGSZEIT ca. 1 ½ Std. + Wartezeit
STÜCK ca. 320 kcal
E 3 g · F 17 g · KH 37 g

Apfel-Schokowellen

ZUTATEN FÜR CA. 30 STÜCKE

- 100 ml + 800 ml Milch
- 100 g + 150 g Zucker
- 2 Päckchen Vanillepuddingpulver
- 1,2 kg Äpfel (z. B. Jonagold)
- 3 EL Zitronensaft
- 6 Eier (Gr. M) ♥ Salz
- 1 Päckchen Vanillezucker
- 150 g Mehl
- 50 g Speisestärke
- 2 gestrichene TL Backpulver
- 400 g weiche Butter
- 200 g Zartbitterschokolade
- 200 g Schlagsahne
- Backpapier

1 100 ml Milch, 100 g Zucker und Puddingpulver verrühren. 800 ml Milch aufkochen. Puddingpulver einrühren, unter Rühren ca. 1 Minute köcheln. Auskühlen lassen, dabei öfter umrühren.

2 Eine Fettpfanne (ca. 32 x 39 cm; mind. 3,5 cm tief) mit Backpapier auslegen. Äpfel schälen, vierteln, entkernen und in Würfel schneiden. Mit dem Zitronensaft beträufeln.

3 Eier trennen. Eiweiß und 1 Prise Salz steif schlagen, dabei 150 g Zucker und Vanillezucker einrieseln lassen. Eigelb einzeln darunterschlagen. Mehl, Stärke und Backpulver daraufsieben, unterheben. Auf die Fettpfanne streichen. Äpfel darauf verteilen, leicht andrücken. Im vorgeheizten Ofen (E-Herd: 200 °C/ Umluft: 175 °C/Gas: s. Hersteller) ca. 25 Minuten backen. Auskühlen lassen.

4 Butter mit dem Rührgerät mind. 8 Minuten cremig rühren. Pudding esslöffelweise darunterrühren. Auf die Biskuitplatte streichen und ca. 3 Stunden kühl stellen.

5 Für den Guss Schokolade in Stücke teilen. In der Sahne unter Rühren bei schwacher Hitze schmelzen. Ca. 5 Minuten abkühlen lassen, dabei öfter umrühren. Auf die Buttercreme streichen und ca. 2 Stunden kühlen.

ZUBEREITUNGSZEIT ca. 1 ½ Std. + Wartezeit ca. 5 Std.
STÜCK ca. 290 kcal
E 4 g · F 18 g · KH 25 g

Zitronen-Joghurt-Kuchen mit Äpfeln

ZUTATEN FÜR CA. 16 STÜCKE

- Fett für die Form
- 7 kleine Äpfel (ca. 850 g; z. B. Jonagold)
- abgeriebene Schale und 5–6 EL Saft von 1 Bio-Zitrone
- 150 g weiche Butter
- 200 g Zucker
- Salz • 2 Eier (Gr. M)
- 300 g Mehl
- 3 gestrichene TL Backpulver
- 150 g Vollmilchjoghurt
- 2 gehäufte EL brauner Zucker
- Puderzucker zum Bestäuben

1 Eine Springform (26 cm Ø) fetten. Äpfel schälen und evtl. mit einem Apfelausstecher entkernen. Äpfel längs halbieren und die runde Seite mehrmals leicht einschneiden oder einritzen. Mit 2–3 EL Zitronensaft beträufeln.

2 Butter, Zucker, Zitronenschale und 1 Prise Salz cremig rühren. Eier einzeln unterrühren. Mehl und Backpulver mischen, im Wechsel mit 3 EL Zitronensaft und Joghurt kurz unterrühren. Teig in die Form streichen.

3 Äpfel mit der Wölbung nach oben dicht an dicht auf den Teig legen und etwas hineindrücken. Kuchen mit braunem Zucker bestreuen. Im vorgeheizten Backofen (E-Herd: 175 °C/Umluft: 150 °C/Gas: s. Hersteller) ca. 1 Stunde backen. Auskühlen lassen. Mit Puderzucker bestäuben.

ZUBEREITUNGSZEIT ca. 1 ½ Std.
STÜCK ca. 260 kcal
E 3 g · F 11 g · KH 36 g

Lässt sich gut einfrieren

Apfelkuchen mit Mandelhaube

ZUTATEN FÜR CA. 24 STÜCKE
- Fett für die Fettpfanne
- 1,5 kg Äpfel (z. B. Elstar)
- abgeriebene Schale und Saft von 1 Bio-Zitrone
- 400 g Schlagsahne
- 225 g + 100 g Zucker
- 1 Päckchen Vanillezucker
- Salz ♥ 5 Eier (Gr. M)
- 450 g Mehl
- 1 Päckchen Backpulver
- 100 g Butter ♥ 5 EL Milch
- 150 g Mandelblättchen

1 Fettpfanne (ca. 32 x 39 cm; mind. 3,5 cm tief) fetten. Äpfel schälen, vierteln, entkernen und in Spalten schneiden. Mit Zitronensaft beträufeln.

2 Sahne in eine Rührschüssel gießen. 225 g Zucker, Vanillezucker, Zitronenschale und 1 Prise Salz zufügen. Mit den Schneebesen des Rührgerätes halbsteif schlagen. Eier einzeln unterrühren. 450 g Mehl und Backpulver mischen, portionsweise unterrühren.

3 Teig auf die Fettpfanne streichen. Die Apfelspalten darauf verteilen. Im vorgeheizten Ofen (E-Herd: 175 °C/ Umluft: 150 °C/Gas: s. Hersteller) ca. 15 Minuten backen.

4 Inzwischen Butter schmelzen. Milch und 100 g Zucker zufügen, unter Rühren kurz aufkochen. Vom Herd ziehen, Mandeln unterheben. Kuchen aus dem Ofen nehmen. Mandelmasse vorsichtig darauf verteilen. Bei gleicher Temperatur ca. 20 Minuten weiterbacken. Auskühlen lassen.

ZUBEREITUNGSZEIT ca. 1 Std.
STÜCK ca. 290 kcal
E 5 g · F 14 g · KH 33 g

Lässt sich gut einfrieren

Kleine Apfelkunde

Nehmen Sie zum Backen nur feste, nicht zu reife Äpfel, die bleiben am besten in Form, und beim Kochen haben Sie nicht gleich Apfelmus im Topf. Eine Übersicht der besten Backäpfel

Jonagold

Auch unter dem Namen Jonagored oder Red Prince erhältlich. Sein großes Plus beim Backen: Er zerfällt nicht so leicht und saftet kaum.

Cox Orange

Obwohl anspruchsvoll im Anbau und schlechter zu lagern als andere Sorten, konnte sich der besonders in England beliebte Apfel wegen seines feinen Aromas im Handel behaupten.

Elstar

1955 aus den Sorten Golden Delicious und Ingrid Marie gezüchtet, wird er in Deutschland heute am häufigsten angebaut. Unser Favorit für Kuchen mit Apfelkompottfüllungen.

Idared

Schön saftig, fein säuerlich und mit festem Fruchtfleisch, zeigt er sich als wahres Multitalent – er eignet sich sowohl roh zum Belegen als auch für köstliches Kompott.

Gravensteiner

Ein Sommerapfel der alten Sorte: Er ist seit 1669 in Dänemark und Norddeutschland bekannt. Sehr aromatische Früchte mit starkem Duft und guten Backeigenschaften.

Delbar Estival

Meist als „Delba“ abgekürzt zu finden. Er ist der beste Frühapfel seiner Reifeklasse! Mit seinem festen Fruchtfleisch ist er gut zum Backen und für Kompott geeignet.

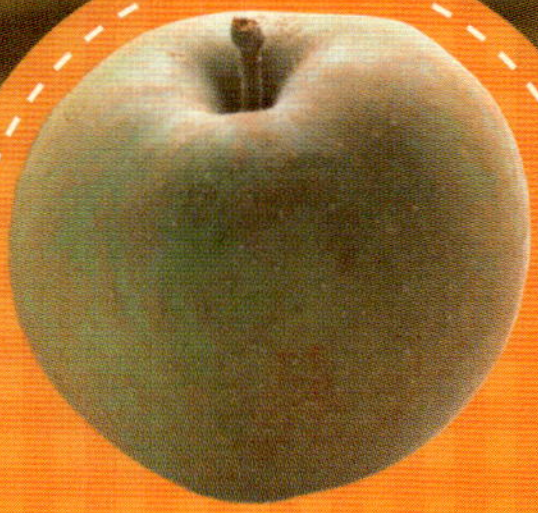

Boskop

Er wurde 1856 im gleichnamigen Ort in den Niederlanden entdeckt. Ein typischer Winterapfel mit guten Lagereigenschaften. Sein festes Fruchtfleisch und sein kräftiger säuerlicher Geschmack machen ihn zum Backapfel Nummer eins!

Gloster

Ein Apfel mit zurückhaltender Säure, aber mit sehr gutem Apfelaroma. Sein „rotbackiges“ Aussehen macht ihn zum typischen „Weihnachtsapfel“.

Mohn-Birnenkuchen mit Schmandguss

ZUTATEN FÜR CA. 12 STÜCKE

- Fett und Mehl für die Form
- 6 Eier (Gr. M) ♥ 150 g Mehl
- 75 g + 100 g + 75 g Zucker
- 2 Päckchen Vanillezucker
- Salz ♥ 75 g kalte Butter
- Mehl zum Ausrollen ♥ ¼ l Milch
- 200 g gemahlener Mohn
- 200 g Schmand
- 1 Päckchen Vanille-Soßenpulver
- 4 reife Birnen (à ca. 275 g)
- 3 EL (30 g) Semmelbrösel
- Puderzucker zum Bestäuben

1 Eine Springform (26 cm Ø) fetten, mit Mehl ausstäuben. 1 Ei trennen. Mehl, 75 g Zucker, 1 Päckchen Vanillezucker, 1 Prise Salz, Butter in Stückchen, 1 Eigelb und 1–2 EL kaltes Wasser erst mit dem Handrührgerät, dann kurz mit den Händen glatt verkneten.

2 Den Mürbeteig auf etwas Mehl zum Kreis (26 cm Ø) ausrollen. Auf den Boden der Springform legen und mit einer Gabel mehrmals einstechen. Ca. 30 Minuten kalt stellen.

3 Milch aufkochen und Mohn, 100 g Zucker, 1 Päckchen Vanillezucker und 1 Prise Salz einrühren. Unter Rühren nochmals aufkochen, 2–3 Minuten köcheln und vom Herd ziehen. Ca. 10 Minuten abkühlen lassen, dabei öfter umrühren.

4 Schmand, 3 Eier, Soßenpulver und 75 g Zucker verrühren. Birnen waschen, schälen, halbieren und entkernen. 1 Eiweiß und 2 Eier unter die Mohnmasse rühren.

5 Mürbeteigboden mit Semmelbrösel bestreuen. Die Mohnmasse darauf verteilen und glatt streichen. Birnen mit der Schnittfläche nach unten nebeneinander kreisförmig hineinsetzen und leicht in die Masse drücken. Den Schmandguss vorsichtig über die Birnen gießen. Im vorgeheizten Backofen (E-Herd: 200 °C/Umluft: 175 °C/Gas: s. Hersteller) ca. 70 Minuten backen.

6 Kuchen aus dem Ofen nehmen, auf ein Kuchengitter setzen, mit einem Messer vom Springformrand lösen und in der Form ca. 4 Stunden auskühlen lassen. Aus der Form lösen und den oberen Rand mit Puderzucker bestäuben.

ZUBEREITUNGSZEIT ca. 2 Std. + Wartezeit
STÜCK ca. 430 kcal
E 10 g · F 21 g · KH 47 g

Lässt sich gut einfrieren

Birnen-Eierlikör-Torte

ZUTATEN FÜR CA. 12 STÜCKE
- Fett und Mehl für die Form
- 100 g weiche Butter
- 100 g + 3 EL Zucker
- 1 Päckchen Vanillezucker
- 1 Eigelb
- 100 g Mehl
- 1 gestr. TL Backpulver
- 100 g Mandelblättchen
- 3 reife Birnen (ca. 600 g)
- 3 EL Zitronensaft
- ¼ l Weißwein
- 1 Päckchen Vanille-Puddingpulver
- 400 g Schlagsahne
- 1 Päckchen Sahnesteif
- ⅛ l Eierlikör
- ca. 3 EL Haselnusskrokant

1 Eine Springform (26 cm Ø) fetten und mit Mehl ausstäuben. Butter, 100 g Zucker, Vanillezucker und Eigelb mit den Schneebesen des Handrührgerätes cremig rühren. Mehl und Backpulver gut mischen und unterkneten. Mandelblättchen mit den Händen kurz darunterkneten.

2 Teig als Boden gleichmäßig in die Form drücken. Im vorgeheizten Backofen (E-Herd: 175 °C/ Umluft: 150 °C/ Gas: s. Hersteller) ca. 20 Minuten goldbraun backen. In der Form auf einem Kuchengitter auskühlen lassen. 3 Birnen schälen, vierteln, entkernen und in kleine Stücke schneiden. Mit Zitronensaft beträufeln.

3 Wein, 200 ml Wasser und 3 EL Zucker aufkochen. Birnen mitsamt Zitronensaft zufügen und zugedeckt 6–8 Minuten dünsten. Birnenstücke mit einer Schaumkelle aus dem Sud heben.

4 Puddingpulver und 6 EL Wasser glatt rühren. Birnensud wieder aufkochen. Angerührtes Puddingpulver einrühren und 1 Minute köcheln. Birnenstücke unterheben. Etwas abkühlen lassen. Dann alles auf den Tortenboden füllen und vollständig auskühlen lassen.

5 Torte aus der Form lösen. Sahne steif schlagen, Sahnesteif dabei einrieseln lassen. Auf die Torte streichen, dabei mit einem Esslöffel kleine Mulden in die Sahne drücken. Mind. 30 Minuten kalt stellen. Kurz vor dem Servieren Eierlikör auf der Sahne verteilen und mit Krokant bestreuen.

ZUBEREITUNGSZEIT ca. 1 ¼ Std. + Wartezeit ca. 2 Std.
STÜCK ca. 410 kcal
E 4 g · F 24 g · KH 35 g

Birnentorte mit Cappuccinosahne

ZUTATEN FÜR CA. 12 STÜCKE

- Fett für den Formboden
- 2 Eier (Gr. M)
- 100 g + 50 g + 2 EL Zucker
- Salz ♥ 100 g Mehl
- 1 leicht geh. EL Kakao
- 2 gestr. TL Backpulver
- 4 mittelgroße reife Birnen (600 g)
- 3 Päckchen Vanillezucker
- 1 Päckchen klarer Tortenguss
- 600 g Schlagsahne
- 2 EL lösliches Eiskaffeepulver
- 2 Päckchen Sahnesteif
- 100 g Raspelschokolade (z. B. zartbitter)

1 Eine Springform (26 cm Ø) nur am Boden fetten (nicht am Rand, sonst geht der Biskuit nicht gleichmäßig auf). Eier, 2 EL kaltes Wasser, 100 g Zucker und 1 Prise Salz mit den Schneebesen des Handrührgerätes schaumig schlagen. Mehl, Kakao und Backpulver mischen und vorsichtig unterheben.

2 Biskuit in die Springform streichen. Im vorgeheizten Backofen (E-Herd: 200 °C/Umluft: 175 °C/Gas: s. Hersteller) 15–18 Minuten backen. Herausnehmen und ca. 10 Minuten abkühlen lassen. Aus der Form lösen und auf einem Kuchengitter auskühlen lassen.

3 Birnen schälen und vierteln. Kerngehäuse herausschneiden. Birnen längs in Spalten schneiden. In 400 ml Wasser mit 50 g Zucker und 1 Päckchen Vanillezucker aufkochen. 3–4 Minuten köcheln. In einem Sieb gut abtropfen lassen, dabei den Birnensud auffangen und ¼ l abmessen. Auskühlen lassen.

4 Boden auf eine Tortenplatte setzen. Birnen darauf verteilen. Tortengusspulver und 2 EL Zucker mischen. Mit dem Birnensud im Topf verrühren und unter ständigem Rühren aufkochen. Sofort von der Mitte her auf den Birnen verteilen. Auskühlen lassen.

5 Sahne steif schlagen und dabei 2 Päckchen Vanillezucker, Eiskaffeepulver und Sahnesteif einrieseln lassen. ⅔ Schokoraspel unterheben. Sahne kuppelförmig auf die Birnen streichen. Mit Rest Schokoraspeln bestreuen. Mind. 30 Minuten kalt stellen.

ZUBEREITUNGSZEIT ca. 1 Std. + Wartezeit ca. 1 Std.
STÜCK ca. 270 kcal
E 3 g · F 15 g · KH 28 g

Hefefladen mit Weintrauben

ZUTATEN FÜR CA. 24 STÜCKE

- 200 ml Milch
- 2–3 EL + 150 g Zucker
- 1 Würfel (42 g) Hefe
- 500 g + etwas Mehl
- 100 g Butter
- 1 Bio-Orange
- 100 g Walnusskerne
- 1 Ei (Gr. M)
- 400–500 g möglichst kleine blaue oder rote Weintrauben
- 2 EL Pinienkerne oder Mandelstifte
- Backpapier

1 Milch und 1 EL Zucker erwärmen, Hefe hineinbröckeln und auflösen. 500 g Mehl in eine Schüssel geben, in die Mitte eine Mulde drücken. Hefemilch hineingießen und mit etwas Mehl vom Rand verrühren. Zugedeckt an einem warmen Ort ca. 15 Minuten gehen lassen.

2 Butter zerlassen, abkühlen lassen. Orange waschen und trocken reiben. Schale dünn abreiben, eine Hälfte auspressen. Walnüsse grob hacken.

3 150 g Zucker, flüssige Butter, Ei, Orangenschale, 2–3 EL Orangensaft und Walnüsse zum Vorteig geben und alles verkneten. Zugedeckt weitere ca. 45 Minuten gehen lassen.

4 Ein Backblech mit Backpapier auslegen. Teig auf etwas Mehl durchkneten und rund (ca. 32 cm Ø) ausrollen. Auf das Backblech legen und nochmals ca. 30 Minuten gehen lassen.

5 Weintrauben waschen und gut abtropfen lassen. Trauben abzupfen und einzeln in den Teig drücken. Mit Pinienkernen und 1–2 EL Zucker bestreuen. Im vorgeheizten Backofen (E-Herd: 200 °C/Umluft: 175 °C/Gas: s. Hersteller) ca. 25 Minuten backen. Am besten lauwarm servieren.

ZUBEREITUNGSZEIT ca. 1 Std. + Gehzeit ca. 1 ½ Std.
STÜCK ca. 190 kcal
E 4 g · F 8 g · KH 25 g

Weintrauben-Sahnetorte

ZUTATEN FÜR CA. 16 STÜCKE

- Fett für die Form
- 100 g + 1 EL weiche Butter
- 100 g + 100 g + 1 EL Zucker
- Salz
- 100 g + 75 g Mehl
- 100 g gemahlene Mandeln (ohne Haut)
- 2 TL Backpulver
- 2 Eier (Gr. M)
- 5 Päckchen Vanillezucker
- 50 g Speisestärke
- 100 g Mandelblättchen
- 1 kg kernlose Weintrauben (z. B. grün und blau)
- 1 kg Schlagsahne
- 4 Päckchen Sahnesteif
- Backpapier

1 Boden einer Springform (26 cm Ø) fetten. Für den Knetteig 100 g Butter, 100 g Zucker und 1 Prise Salz cremig rühren. 100 g Mehl, gemahlene Mandeln und 1 TL Backpulver mischen und mit der Fett-Zucker-Masse und evtl. 1 EL Wasser verkneten. Teig in die Form drücken. Im vorgeheizten Ofen (175 °C/Umluft: 150 °C/Gas: s. Hersteller) ca. 15 Minuten backen. Etwas abkühlen lassen, aus der Form lösen und komplett auskühlen lassen.

2 Form säubern, am Boden mit Backpapier auslegen. Für den Biskuit Eier, 2 EL lauwarmes Wasser, 100 g Zucker und 1 Päckchen Vanillezucker ca. 5 Minuten schaumig schlagen. 75 g Mehl, Stärke und 1 TL Backpulver daraufsieben und unterheben. Glatt in die Form streichen, bei gleicher Temperatur ca. 20 Minuten backen. Biskuit aus der Form lösen und auskühlen lassen.

3 Mandelblättchen und 1 EL Zucker in einer Pfanne ohne Fett goldbraun rösten. 1 EL Butter zugeben, vom Herd ziehen und schmelzen lassen. Mandeln umrühren und auskühlen lassen. Weintrauben waschen und von den Rispen zupfen. Jeweils einige grüne und blaue Trauben zum Verzieren beiseite legen. Sahne evtl. portionsweise steif schlagen, dabei Sahnefestiger und 4 Päckchen Vanillezucker einrieseln lassen.

4 Knetteigboden mit ¼ Sahne bestreichen. Blaue Trauben gleichmäßig darauf verteilen. Vorsichtig etwas in die Sahne drücken. Biskuit darauflegen. Mit ¼ Sahne bestreichen. Grüne Trauben darauf anordnen und ebenfalls leicht andrücken.

5 Torte mit restlicher Sahne einstreichen. Mandelblättchen mit den Händen oder einer Teigkarte am Tortenrand andrücken. Rest Weintrauben halbieren und die Torte damit verzieren.

ZUBEREITUNGSZEIT ca. 1¾ Std. + Wartezeit
STÜCK ca. 500 kcal
E 6 g · F 33 g · KH 40 g

Buchweizen-Preiselbeer-Torte

ZUTATEN FÜR CA. 12 STÜCKE

- 5 Eier (Gr. M)
- Salz
- 150 g + 3 EL Zucker
- 4 Päckchen Vanillezucker
- 50 g Vollkorn-Buchweizenmehl
- 50 g Mehl
- 25 g Speisestärke
- 2 gestr. TL Backpulver
- 500 g + 250 g Schlagsahne
- 500 g + ca. 2 EL angedickte Wildpreiselbeeren (Glas)
- Puderzucker zum Bestäuben
- Backpapier

1 Backblech (ca. 35 x 40 cm) mit Backpapier auslegen. Eier trennen. Eiweiß, 6 EL kaltes Wasser und 1 Prise Salz steif schlagen, dabei 150 g Zucker und 1 Päckchen Vanillezucker einrieseln lassen. Eigelb einzeln unterschlagen. Gesamtes Mehl, Stärke und Backpulver mischen, auf die Eimasse sieben und unterheben. Auf das Backblech streichen. Im vorgeheizten Ofen (E-Herd: 200 °C/Umluft: 175 °C/ Gas: s. Hersteller) ca. 12 Minuten backen.

2 Ein feuchtes, gut ausgedrücktes (wichtig, damit sich der Biskuit später gut ablöst!) Geschirrtuch mit 3 EL Zucker bestreuen. Biskuit auf das Geschirrtuch stürzen, das Backpapier sofort abziehen. Biskuit ca. 30 Minuten auskühlen lassen.

3 500 g Sahne steif schlagen, dabei 2 Päckchen Vanillezucker einrieseln lassen. 500 g Preiselbeeren auf die Biskuitplatte streichen. Mit der Sahne bestreichen. Die Biskuitplatte in 5 Längsstreifen schneiden. Biskuitstreifen spiralförmig zu einer Torte aufwickeln (wie eine Lakritzschnecke). 250 g Sahne steif schlagen, 1 Päckchen Vanillezucker einrieseln lassen. Locker auf die Torte streichen. Den Tortenrand mit Puderzucker bestäuben. 2 EL Preiselbeeren als Kleckse auf die Torte geben.

ZUBEREITUNGSZEIT ca. 1 Std. + Wartezeit
STÜCK ca. 460 kcal
E 6 g · F 23 g · KH 54 g

Biskuitrolle mit Preiselbeersahne

ZUTATEN FÜR CA. 12 STÜCKE

- 3 Eier (Gr. M) ♥ Salz
- 100 g + 3 EL Zucker
- 75 g Mehl
- 50 g Speisestärke
- 1 gestr. TL Backpulver
- 1 Glas (400 g) angedickte Wildpreiselbeeren
- 400 g + 200 g Schlagsahne
- 2 Päckchen Sahnesteif
- 4 EL Raspelschokolade (z. B. zartbitter)
- Backpapier

1 Backblech (ca. 35 x 40 cm) mit Backpapier auslegen. Eier trennen. Eiweiß, 3 EL Wasser und 1 Prise Salz steif schlagen, dabei 100 g Zucker einrieseln lassen. Eigelb einzeln darunterschlagen. Mehl, Stärke und Backpulver daraufsieben und unterheben. Aufs Blech streichen. Im vorgeheizten Ofen (E-Herd: 200 °C/Umluft: 175 °C/Gas: s. Hersteller) 8–10 Minuten backen.

2 Auf ein mit 3 EL Zucker bestreutes Geschirrtuch stürzen. Backpapier sofort abziehen. Biskuit samt Tuch von der Längsseite her aufrollen und auskühlen lassen.

3 Preiselbeeren glatt rühren. 400 g Sahne steif schlagen, dabei Sahnesteif einrieseln lassen. Preiselbeeren glatt rühren und unterheben. Biskuit entrollen, Preiselbeersahne daraufstreichen, dabei rundherum am Rand ca. 2 cm frei lassen. Biskuit vorsichtig aufrollen.

4 200 g Sahne steif schlagen. Die Biskuitrolle damit einstreichen und mit Raspelschokolade bestreuen.

ZUBEREITUNGSZEIT ca. 50 Min. + Wartezeit
STÜCK ca. 340 kcal
E 4 g · F 18 g · KH 37 g

Lässt sich gut einfrieren

Käsesahne-Preiselbeer-Torte

ZUTATEN FÜR CA. 12 STÜCKE
- Fett und Mehl für die Form
- 250 g Mehl
- 70 g + 200 g Zucker
- 1 Päckchen Vanillezucker
- 1 Ei (Gr. M)
- 125 g kalte Butter
- 8 Blatt weiße Gelatine
- 500 g Magerquark ♥ Saft von 2 Zitronen
- 1 Glas (370 ml) angedickte Wildpreiselbeeren
- 500 g + 100 g Schlagsahne
- Puderzucker zum Bestäuben
- Frischhaltefolie

1 Springform (26 cm Ø) am Boden fetten und mit Mehl bestäuben. Mehl, 70 g Zucker, Vanillezucker, Ei und Butter in Stückchen erst mit den Knethaken des Handrührgerätes, dann kurz mit den Händen glatt verkneten. Teig halbieren, eine Hälfte zugedeckt kalt stellen. Rest zwischen Folie rund (26 cm Ø) ausrollen.

2 Obere Folie abziehen. Teig mithilfe der 2. Folie auf den Formboden stürzen, 2. Folie vorsichtig abziehen. Teig als Boden bis an den Rand drücken bzw. Überstehendes abschneiden. Boden mit einer Gabel mehrmals einstechen. Im vorgeheizten Backofen (E-Herd: 200 °C/ Umluft: 175 °C/Gas: s. Hersteller) ca. 15 Minuten backen. Ca. 10 Minuten abkühlen lassen, vom Formboden lösen, auf eine Tortenplatte legen. Übrigen Teig wie den ersten ausrollen und backen. Noch heiß in ca. 12 Tortenstücke schneiden. Auskühlen lassen.

3 Gelatine in kaltem Wasser einweichen. Quark, Zitronensaft und 200 g Zucker verrühren. Gelatine ausdrücken und bei schwacher Hitze auflösen. Nach und nach 4–5 EL Quarkcreme in die Gelatine rühren, dann unter den Rest Creme rühren. Ca. 5 Minuten kalt stellen, bis sie zu gelieren beginnt.

4 Um den Mürbeteigboden einen Tortenring oder den Springformrand legen. Preiselbeeren, bis auf 2 EL, daraufstreichen. 500 g Sahne steif schlagen. Unter die Quarkcreme heben, dann auf den Preiselbeeren glatt streichen. Torte über Nacht kalt stellen. Am nächsten Tag aus dem Ring lösen. Mit den Tortenstücken belegen, mit Puderzucker bestäuben. 100 g Sahne steif schlagen, in einen Spritzbeutel mit großer Sterntülle füllen und Tuffs auf die Tortenstücke spritzen. Mit Rest Preiselbeeren verzieren.

ZUBEREITUNGSZEIT ca. 1 ½ Std. + Wartezeit ca. 12 Std.
STÜCK ca. 500 kcal
E 11 g · F 27 g · KH 50 g

Lässt sich gut einfrieren

Mandarinen-Käsekuchen

ZUTATEN FÜR CA. 24 STÜCKE

- 300 g + etwas Mehl
- 2½ leicht gehäufte EL Kakao
- 50 g + 300 g Zucker ♥ Salz
- 150 g kalte Butter
- 10 Eier (Gr. M)
- Fett für die Fettpfanne
- 2 EL Semmelbrösel
- 4 Dosen (à 314 ml) Mandarinen
- 50 g Rosinen
- 1 kg Magerquark
- 500 g Mascarpone
- Saft von 2 Zitronen
- 1 Päckchen Vanillezucker
- 2 Päckchen Vanillepuddingpulver
- 5 EL Mandelblättchen

1 300 g Mehl, Kakao, 50 g Zucker, 1 Prise Salz, Butter in Stückchen, 1 Ei und evtl. 2–4 EL kaltes Wasser erst mit den Knethaken des Rührgerätes und dann kurz mit den Händen glatt verkneten. Zugedeckt ca. 30 Minuten kalt stellen.

2 Eine Fettpfanne (ca. 32 x 39 cm; ca. 3,5 cm tief) fetten. Teig mit etwas Mehl bestäuben und darauf ausrollen. Mit einer Gabel mehrmals einstechen und mit Semmelbröseln bestreuen.

3 Mandarinen abtropfen lassen. Rosinen waschen und abtropfen lassen. Quark, Mascarpone, Zitronensaft, 300 g Zucker und Vanillezucker verrühren. 9 Eier einzeln und Puddingpulver unterrühren. Mandarinen und Rosinen unterheben. Auf den Teig streichen und mit Mandeln bestreuen.

4 Im vorgeheizten Backofen (E-Herd: 175 °C/Umluft: 150 °C/Gas: s. Hersteller) auf der untersten Schiene ca. 1 Stunde backen. Bei geöffneter Ofentür ca. 15 Minuten abkühlen lassen. Herausnehmen und auf der Fettpfanne auskühlen lassen.

ZUBEREITUNGSZEIT ca. 1½ Std. + Wartezeit
STÜCK ca. 370 kcal
E 12 g · F 18 g · KH 37 g

Mascarpone-Streuselkuchen

ZUTATEN FÜR CA. 16 STÜCKE

- Fett und Zucker für die Form
- 150 g + 100 g weiche Butter
- 350 g Mehl
- 100 g + 150 g Zucker
- 2 Päckchen Vanillezucker
- Salz
- 4 Eier (Gr. M)
- 500 g Magerquark
- 250 g Mascarpone
- 6 gehäufte EL (90 g) Weichweizengrieß
- 175 g Himbeerkonfitüre
- Puderzucker zum Bestäuben

1 Eine Springform (26 cm Ø; ca. 7,5 cm hoch) fetten und mit Zucker ausstreuen. 150 g Butter bei schwacher Hitze schmelzen. Mehl, 100 g Zucker, 1 Päckchen Vanillezucker und 1 Prise Salz mischen. Flüssige Butter in dünnem Strahl zugießen und mit den Knethaken des Rührgerätes verkneten. Dann kurz mit den Händen zu Streuseln verarbeiten.

2 100 g Butter, 150 g Zucker, 1 Päckchen Vanillezucker und 1 Prise Salz cremig rühren. Eier einzeln darunterrühren. Quark, Mascarpone und Grieß kurz unterrühren.

3 Hälfte Streusel als Boden in der Form verteilen und andrücken, dabei am Rand etwas hochdrücken. Konfitüre auf den Teigboden streichen. Quarkmasse darauf verteilen. Restliche Streusel daraufstreuen, dabei zwischen den Fingern zerreiben bzw. zerzupfen.

4 Im vorgeheizten Backofen (E-Herd: 200 °C/Umluft: 175 °C/Gas: s. Hersteller) ca. 1 Stunde backen. In der Form gut auskühlen lassen. Mascarponekuchen mit Puderzucker bestäuben.

ZUBEREITUNGSZEIT ca. 1 ½ Std.
STÜCK ca. 440 kcal
E 10 g · F 23 g · KH 44 g

Lässt sich gut einfrieren

Rosinen-Quark-schnitten vom Blech

ZUTATEN FÜR CA. 20 STÜCKE

- 200 g Rosinen
- Fett und Semmelbrösel für die Fettpfanne
- 8 Eier (Gr. M)
- 2 kg Schichtkäse (20 % Fett) oder Speisequark (20 % Fett)
- 275 g + 2 EL Zucker
- 6 Päckchen Vanillezucker
- 100 g Hartweizengrieß
- abgeriebene Schale und Saft (ca. 5 EL) von 1 Bio-Zitrone
- Salz
- Puderzucker zum Bestäuben

1 100 ml Wasser aufkochen, über die Rosinen gießen und Rosinen ca. 45 Minuten einweichen. Abtropfen lassen. Eine Fettpfanne (ca. 32 x 39 cm; mind. 3,5 cm tief) fetten und mit Semmelbröseln ausstreuen.

2 Eier trennen. Schichtkäse, Eigelb, 275 g Zucker, Vanillezucker, Grieß, Zitronenschale und -saft mit den Schneebesen des Rührgerätes verrühren. Eiweiß und 1 Prise Salz steif schlagen, dabei 2 EL Zucker einrieseln lassen. In 2 Portionen unter die Käsemasse heben. Rosinen darunterziehen.

3 Käsemasse auf die Fettpfanne streichen. Im vorgeheizten Backofen (E-Herd: 175 °C/Umluft: 150 °C/Gas: s. Hersteller) ca. 1 Stunde backen. Im ausgeschalteten Ofen 5–10 Minuten ruhen lassen. Dann auf der Fettpfanne auf einem Kuchengitter ca. 4 Stunden auskühlen lassen. Kurz vorm Servieren mit Puderzucker bestäuben.

ZUBEREITUNGSZEIT ca. 1 ½ Std. + Wartezeit ca. 45 Min.
STÜCK ca. 250 kcal
E 16 g · F 8 g · KH 28 g

Lässt sich gut einfrieren

GANZ LOCKER! *Durch Eischnee wird die Käsemasse luftiger und voluminöser. Diesen aber bitte nicht mit dem Rührgerät, sondern mit dem Teigschaber oder Schneebesen vorsichtig darunterziehen*

Käsekuchen mit Apfel-Sahne-Haube

ZUTATEN FÜR CA. 16 STÜCKE

- Fett für die Form
- 1 kg Sahnequark
- 5 Eier (Gr. M)
- 3 EL Zitronensaft
- 225 g Zucker
- 2 Päckchen Vanillepuddingpulver
- 250 g Schlagsahne
- 1 Päckchen Vanillezucker
- 1 Glas (370 ml) Apfelmus

1 Springform (ca. 26 cm Ø; ca. 8 cm hoch) fetten. Quark, Eier, Zitronensaft, Zucker und Puddingpulver kurz verrühren. In die Form streichen. Im vorgeheizten Ofen (E-Herd: 175 °C/Umluft: 150 °C/Gas: s. Hersteller) ca. 1 Stunde backen. Auskühlen lassen.

2 Sahne steif schlagen, dabei Vanillezucker einrieseln lassen. Kurz vorm Servieren Apfelmus und Sahne auf den Kuchen streichen.

ZUBEREITUNGSZEIT ca. 1 ¼ Std. +
Wartezeit mind. 3 Std.
STÜCK ca. 280 kcal
E 10 g · F 14 g · KH 26 g

RUCK, ZUCK GERÜHRT: *Für diesen Käsekuchen kommen alle Zutaten auf einmal in die Schüssel – umrühren und ab in die Form*

Lässt sich gut einfrieren

Amaretto-Käsekuchen

ZUTATEN FÜR CA. 24 STÜCKE
- Fett und Mehl für die Fettpfanne
- 300 g Mehl
- 100 g gemahlene Mandeln
- 150 g brauner Zucker
- 3 Päckchen Vanillezucker • Salz
- 150 g kalte + 100 g Butter
- 11 Eier (Gr. M) • 175 g + 300 g Zucker
- 2 kg Magerquark • 5 EL Amaretto
- 2 Päckchen Vanillepuddingpulver
- 50 g Amarettini • 2 EL Mandelblättchen
- Puderzucker zum Bestäuben

1 Fettpfanne (ca. 32 x 39 cm; mind. 3,5 cm tief) fetten und mit Mehl ausstäuben. Mehl, gemahlene Mandeln, braunen Zucker, 1 Päckchen Vanillezucker, 1 Prise Salz, 150 g Butter in Stückchen, 1 Ei und ca. 3 EL kaltes Wasser erst mit den Knethaken des Rührgeräts, dann kurz mit den Händen glatt verkneten. Ca. 30 Minuten kalt stellen.

2 Teig auf der Fettpfanne ausrollen, dabei am Rand ca. 2 cm hochdrücken. Boden mit einer Gabel mehrmals einstechen. Im vorgeheizten Backofen (E-Herd: 175 °C/Umluft: 150 °C/Gas: s. Hersteller) auf der untersten Schiene ca. 15 Minuten vorbacken.

3 100 g Butter schmelzen, abkühlen lassen. 6 Eier trennen, Eiweiß kalt stellen. 4 Eier, 6 Eigelb, 175 g Zucker und 2 Päckchen Vanillezucker ca. 8 Minuten schaumig schlagen. Quark, Butter, Likör und Puddingpulver unterrühren.

4 Mürbeteigboden aus dem Ofen nehmen und die Quarkmasse daraufstreichen. Auf unterster Schiene bei gleicher Temperatur ca. 1 Stunde weiterbacken. Kurz vor Backzeitende 6 Eiweiß und 1 Prise Salz steif schlagen. Dabei 300 g Zucker einrieseln lassen. Weiterschlagen, bis er gelöst ist. Kuchen aus dem Ofen nehmen. Eischnee vorsichtig (da die Quarkmasse noch sehr zart ist) daraufstreichen, dabei rundum am Rand ca. 2 cm frei lassen. Amarettini und Mandelblättchen daraufstreuen. Ca. 20 Minuten weiterbacken. Auf der Fettpfanne auskühlen lassen. Mit Puderzucker bestäuben.

ZUBEREITUNGSZEIT ca. 2½ Std. + Wartezeit
STÜCK ca. 390 kcal
E 17 g · F 15 g · KH 43 g

Schoko-Käsekuchen

ZUTATEN FÜR CA. 16 STÜCKE

- Fett und Mehl für die Form
- 5 Eier (Gr. M)
- 250 g Zucker
- 750 g Sahnequark (40 % Fett)
- 250 g Crème fraîche
- 60 g Speisestärke
- 3 leicht gehäufte EL (30 g) Kakao
- evtl. Schoko-Zebraröllchen zum Verzieren

1 Springform (26 cm Ø; ca. 8 cm hoch) fetten und mit Mehl ausstäuben. Eier und Zucker ca. 7 Minuten schaumig schlagen. Quark, Crème fraîche und Stärke nacheinander unterrühren. Quarkmasse halbieren. Unter eine Hälfte Kakao rühren.

2 Erst die helle, dann die dunkle Quarkmasse in die Form füllen. Mit einer Gabel spiralförmig durchziehen, sodass ein Marmormuster entsteht. Im vorgeheizten Ofen (E-Herd: 175 °C/ Umluft: 150 °C/Gas: s. Hersteller) ca. 50 Minuten backen. Ca. 15 Minuten im ausgeschalteten Ofen ruhen lassen. Kuchen vom Rand lösen und ca. 4 Stunden auskühlen lassen. Kuchen mit Schokoröllchen verzieren.

ZUBEREITUNGSZEIT ca. 1 ¼ Std.
STÜCK ca. 230 kcal
E 8 g · F 12 g · KH 21 g

Gebackener Käsebienenstich

ZUTATEN FÜR CA. 16 STÜCKE

- Fett für die Form
- 150 g Mehl • Salz
- 30 g + 100 g + 100 g + 50 g Zucker
- 60 g kalte + 100 g weiche + 50 g Butter
- 3 Eier (Gr. M)
- 1 Päckchen Vanillezucker
- 750 g Magerquark
- abgeriebene Schale und Saft von 1 Bio-Zitrone
- 60 g Grieß • 40 g Speisestärke
- 1 EL (15 g) flüssiger Honig
- 50 g Schlagsahne
- 4 gehäufte EL (40 g) Mandelblättchen

1 Springform (26 cm Ø; ca. 8 cm hoch) fetten. Mehl, 1 Prise Salz, 30 g Zucker, 60 g Butter in Stückchen und 1–2 EL eiskaltes Wasser erst mit den Knethaken des Rührgerätes und dann kurz mit den Händen glatt verkneten. Mürbeteig zugedeckt ca. 30 Minuten kalt stellen.

2 Teig auf dem Formboden ausrollen und mit einer Gabel mehrmals einstechen. Springformrand darumschließen.

3 Eier trennen. 100 g Butter, 100 g Zucker und Vanillezucker cremig rühren. Eigelb einzeln einrühren. Erst Quark, Zitronenschale und -saft, dann Grieß und Stärke unterrühren.

4 Eiweiß und 1 Prise Salz steif schlagen, dabei 100 g Zucker einrieseln lassen. Unter die Quarkmasse heben. In die Form streichen. Im vorgeheizten Ofen (E-Herd: 175 °C/Umluft: 150 °C/Gas: s. Hersteller) ca. 1 Stunde backen.

5 Kuchen aus dem Ofen nehmen. In der Springform ca. 10 Minuten ruhen lassen, bis der Kuchen sich gesetzt hat.

6 50 g Butter, 50 g Zucker, Honig und Sahne unter Rühren aufkochen. Unter Rühren ca. 10 Minuten köcheln, bis die Masse dicklich (zähflüssig) ist. Mandeln unterheben. Auf dem Kuchen verteilen und bei gleicher Temperatur 10–15 Minuten weiterbacken. Käsebienenstich am besten über Nacht in der Form auskühlen lassen.

ZUBEREITUNGSZEIT ca. 1 ½ Std. + Wartezeit ca. 12 Std.
STÜCK ca. 330 kcal
E 10 g · F 17 g · KH 32 g

Lässt sich gut einfrieren

Käse-Toffee-Tarte mit Macadamia

ZUTATEN FÜR CA. 18 STÜCKE

- Fett für die Form
- 250 g + etwas Mehl
- 75 g + 150 g Zucker ♥ Salz
- 150 g kalte Butter
- 4 Eier (Gr. M)
- 400 g Doppelrahmfrischkäse
- 200 g saure Sahne
- 1 Päckchen Vanillezucker
- abgeriebene Schale und Saft von 1 Bio-Orange
- 2 gehäufte EL (30 g) Speisestärke
- 150 g Macadamianusskerne
- 5 EL brauner Zucker
- 5 EL Schlagsahne

1 Tarteform (28 cm Ø) mit Hebeboden am Boden fetten. 250 g Mehl, 75 g Zucker, 1 Prise Salz, 150 g Butter in Stückchen und 1 Ei erst mit den Knethaken des Rührgerätes, dann mit den Händen glatt verkneten. Zugedeckt ca. 30 Minuten kalt stellen.

2 Frischkäse, saure Sahne, 150 g Zucker, Vanillezucker, Orangenschale und -saft verrühren. 3 Eier einzeln unterrühren. Stärke unterrühren.

3 Teig auf etwas Mehl rund (ca. 32 cm Ø) ausrollen. Form damit auslegen, dabei am Rand in die Rillen drücken. Teigboden mit einer Gabel mehrmals einstechen. Käsemasse daraufstreichen. Im vorgeheizten Ofen (E-Herd: 200 °C/Umluft: 175 °C/Gas: s. Hersteller) ca. 35 Minuten backen.

4 Nüsse grob hacken. Kuchen herausnehmen. Nüsse und braunen Zucker daraufstreuen. Sahne darüberträufeln. Ofen hochschalten: E-Herd: 225 °C/ Umluft: 200 °C/Gas: s. Hersteller. Tarte ca. 10 Minuten weiterbacken, bis der Zucker karamellisiert ist. Tarte in der Form auskühlen lassen.

ZUBEREITUNGSZEIT ca. 2 Std. + Wartezeit
STÜCK ca. 360 kcal
E 6 g · F 23 g · KH 30 g

Käsekuchen mit Aprikosen

ZUTATEN FÜR CA. 16 STÜCKE

- Fett und Mehl für die Form
- 1 Dose (850 ml) Aprikosen oder in der Saison ca. 600 g frische Aprikosen
- 5 Eier (Gr. M)
- 50 g + 250 g Zucker
- 200 g weiche Butter
- 500 g Magerquark
- 2 ½ Päckchen Vanillepuddingpulver
- 1 gestrichener TL Backpulver
- Puderzucker zum Bestäuben

1 Eine Springform (26 cm Ø) am Boden gut fetten und gleichmäßig mit Mehl ausstäuben. Überschüssiges Mehl wieder herausschütten. Aprikosen abtropfen lassen (frische Früchte waschen und entsteinen).

2 Eier trennen. Eiweiß steif schlagen und dabei 50 g Zucker einrieseln lassen. Butter und 250 g Zucker mit den Schneebesen des Rührgerätes cremig rühren. Eigelb nacheinander unterrühren. Quark unterrühren. Puddingpulver und Backpulver mischen und zum Schluss gut unterrühren. Eischnee portionsweise mit einem Schneebesen vorsichtig unter die Quarkmasse heben.

3 Hälfte Quarkmasse in die Form streichen. Aprikosen darauf verteilen. Rest Quarkmasse darüberstreichen. Im vorgeheizten Backofen (E-Herd: 175 °C/ Umluft: 150 °C/Gas: s. Hersteller) ca. 1 Stunde backen. Evtl. ca. 10 Minuten vor Ende der Backzeit abdecken, damit der Kuchen nicht zu dunkel wird.

4 Kuchen herausnehmen und mit einem Messer vorsichtig vom Formrand lösen. Auf einem Kuchengitter in der Form auskühlen lassen. Kuchen aus der Form nehmen, mit Puderzucker bestäuben. Dazu schmeckt Schlagsahne

ZUBEREITUNGSZEIT ca. 1 ½ Std.
STÜCK ca. 280 kcal
E 7 g · F 13 g · KH 31 g

Topfentarte mit Zitronenbaiser

ZUTATEN FÜR CA. 16 STÜCKE

- 300 g + etwas Mehl ♥ 3 gehäufte EL Puderzucker ♥ 9 frische Eier (Gr. M)
- 150 g kalte + etwas + 50 g Butter
- 150 g gemahlene Mandeln (ohne Haut)
- Fett für die Form ♥ 1 kg Magerquark
- abgeriebene Schale und Saft von 1 Bio-Zitrone ♥ 175 g + 1 EL + 250 g Zucker
- 2 Päckchen Vanillezucker
- 80 g Weichweizengrieß
- 40 g Mandelkerne (z. B. ohne Haut)
- Puderzucker zum Bestäuben

1 300 g Mehl, Puderzucker, 1 Ei, 150 g Butter in Stückchen und 1 EL kaltes Wasser erst mit den Knethaken des Rührgerätes, dann mit den Händen glatt verkneten. Zugedeckt ca. 30 Minuten kalt stellen.

2 Gemahlene Mandeln ohne Fett rösten, auskühlen lassen. Ein Springblech (30 cm Ø) fetten. Teig auf etwas Mehl rund (ca. 34 cm Ø) ausrollen. Blech damit auslegen, am Rand andrücken. Boden mit einer Gabel mehrmals einstechen. Ca. 15 Minuten kalt stellen.

3 50 g Butter schmelzen und abkühlen lassen. 8 Eier trennen, je 4 Eiweiß getrennt kalt stellen. Quark, 8 Eigelb, 3 EL Zitronensaft, -schale, 175 g Zucker und Vanillezucker verrühren. Grieß und flüssige Butter unterrühren. 4 Eiweiß steif schlagen, dabei 1 EL Zucker einrieseln lassen. Unter die Quarkmasse heben. Masse auf den Teig streichen und im heißen Backofen (E-Herd: 200 °C/Umluft: 175 °C/Gas: s. Hersteller) ca. 35 Minuten backen.

4 Mandeln grob hacken. 4 Eiweiß und 1 EL Zitronensaft steif schlagen, dabei 250 g Zucker einrieseln lassen. Gemahlene Mandeln unterheben. Tarte aus dem Ofen nehmen. Baiser daraufstreichen, dabei einen Rand frei lassen. Mit gehackten Mandeln bestreuen. Backofen herunterschalten (E-Herd: 175 °C/Umluft: 150 °C/Gas: s. Hersteller), Tarte ca. 30 Minuten weiterbacken. In der Form auskühlen lassen. Mit Puderzucker bestäuben.

ZUBEREITUNGSZEIT ca. 2 Std. + Wartezeit
STÜCK ca. 470 kcal
E 17 g · F 21 g · KH 51 g

PFLAUMENKUCHEN

Pflaumenkuchen mit Mandelkruste

ZUTATEN FÜR CA. 16 STÜCKE

- Fett für die Fettpfanne
- 1,2 kg Pflaumen/Zwetschen
- 100 g + 250 g weiche Butter
- 5–6 EL Schlagsahne
- 100 g brauner Zucker
- 2 Päckchen Vanillezucker
- 150 g Mandelblättchen
- 250 g Zucker ♥ Salz
- 4 Eier (Gr. M)
- 250 g Mehl
- 75 g Speisestärke
- 1 Päckchen Backpulver

1 Eine Fettpfanne (ca. 32 x 39 cm; mind. 3,5 cm tief) fetten. Pflaumen waschen, halbieren und entsteinen. 100 g Butter, Sahne, braunen Zucker und 1 Päckchen Vanillezucker in einem kleinen Topf aufkochen und ca. 5 Minuten köcheln. Mandelblättchen vorsichtig einrühren, dann 2–3 Minuten weiterköcheln. Vom Herd ziehen und ca. 10 Minuten abkühlen lassen, dabei mehrmals vorsichtig umrühren.

2 250 g Butter, Zucker, 1 Päckchen Vanillezucker und 1 Prise Salz mit den Schneebesen des Rührgerätes cremig rühren. Eier nacheinander unterrühren. Mehl, Stärke und Backpulver mischen und portionsweise kurz unter den Teig rühren.

3 Teig auf die Fettpfanne streichen. Pflaumen locker darauf verteilen. Mandelguss mit einem Esslöffel als Kleckse auf dem Kuchen verteilen. Im vorgeheizten Ofen (E-Herd: 200 °C/ Umluft: 175 °C/Gas: s. Hersteller) ca. 30 Minuten backen. Auskühlen lassen. Dazu schmeckt Schlagsahne.

ZUBEREITUNGSZEIT ca. 1 ½ Std.
STÜCK ca. 460 kcal
E 6 g · F 26 g · KH 47 g

Lässt sich gut einfrieren

Pflaumen-Rosenkuchen

ZUTATEN FÜR CA. 16 STÜCKE

- Fett für die Form
- 800 g Pflaumen/Zwetschen
- 100 g + 125 g Zucker
- 1 TL Zimt
- 75 g + 125 g weiche Butter
- 500 g Mehl
- 1 Päckchen Backpulver
- 1 Päckchen Vanillezucker ♥ Salz
- 250 g Magerquark
- 1 EL Milch
- 2 Eier (Gr. M)
- Mehl für die Arbeitsfläche
- 150 g Aprikosenkonfitüre

1 Springform (26 cm Ø; ca. 8 cm hoch) fetten. Pflaumen waschen, halbieren, entsteinen und klein würfeln. 100 g Zucker und Zimt mischen. 75 g Butter bei schwacher Hitze schmelzen.

2 Mehl, Backpulver, 125 g Zucker, Vanillezucker und 1 Prise Salz in einer Schüssel mischen. Quark, 125 g Butter in Stückchen, Milch und Eier zufügen. Alles erst mit den Knethaken des Rührgerätes und dann kurz mit den Händen zu einem glatten Teig verkneten.

3 Teig auf etwas Mehl zum Rechteck (ca. 40 x 44 cm) ausrollen. Mit der geschmolzenen Butter bestreichen und mit Zimtzucker bestreuen. Pflaumen darauf verteilen, dabei rundherum ca. 2 cm Rand frei lassen. Teig von der kürzeren Seite her aufrollen und in 7 gleich große Scheiben schneiden. Mit der Schnittfläche nach unten in die Form legen. Im vorgeheizten Backofen (E-Herd: 175 °C/Umluft: 150 °C/Gas: s. Hersteller) ca. 50 Minuten backen.

4 Rosenkuchen ca. 10 Minuten in der Form abkühlen lassen. Den Formrand entfernen und den Kuchen ganz auskühlen lassen. Konfitüre erhitzen, durch ein Sieb streichen und den Kuchen damit bestreichen.

ZUBEREITUNGSZEIT ca. 1 ½ Std. + Wartezeit ca. 1 Std.
STÜCK ca. 340 kcal
E 7 g · F 12 g · KH 49 g

Lässt sich gut einfrieren

Pflaumencremetorte

ZUTATEN FÜR CA. 16 STÜCKE

- 3 Eier (Gr. M) • Salz
- 125 g + 100 g Zucker
- 1 Päckchen Vanillezucker
- 100 g Mehl • 2 gestrichene TL Backpulver
- 50 g gemahlene Haselnüsse
- 8 Blatt weiße Gelatine
- 600 g + 150 g Pflaumen/Zwetschen
- 7 EL Armagnac (Weinbrand)
- 200 g + 300 g Schlagsahne
- 2 EL Haselnussblättchen
- 50 g Zartbitterkuvertüre
- Backpapier

1 Springform (26 cm Ø) am Boden mit Backpapier auslegen. Eier trennen. Eiweiß, 3 EL Wasser und 1 Prise Salz steif schlagen, dabei 125 g Zucker und Vanillezucker einrieseln lassen. Eigelb einzeln unterschlagen. Mehl, Backpulver und gemahlene Nüsse zufügen und unterheben. In die Form streichen. Im heißen Backofen (E-Herd: 175 °C/ Umluft: 150 °C/Gas: s. Hersteller) ca. 25 Minuten backen. Auskühlen lassen.

2 Gelatine kalt einweichen. 600 g Pflaumen waschen, halbieren, entsteinen. Mit 100 g Zucker und 5 EL Armagnac zugedeckt 6–8 Minuten köcheln. Alles pürieren. Gelatine ausdrücken und im heißen Püree auflösen. Püree ganz auskühlen lassen. Dann ca. 15 Minuten kalt stellen, bis es zu gelieren beginnt. 200 g Sahne steif schlagen, unterheben.

3 Boden waagerecht halbieren, Tortenring um den unteren Boden schließen. Pflaumencreme auf den unteren Boden streichen. Oberen Boden darauflegen. Mind. 4 Stunden kalt stellen.

4 Nussblättchen rösten und auskühlen lassen. 150 g Pflaumen waschen, halbieren, entsteinen, in Spalten schneiden. Mit 2 EL Armagnac beträufeln.

5 300 g Sahne steif schlagen, ca. ⅓ Sahne in einen Spritzbeutel füllen. Torte mit Rest Sahne einstreichen und mit einem Tortenkamm verzieren. Sahnetuffs auf die Torte spritzen. Kuvertüre hacken, im heißen Wasserbad schmelzen. Torte mit Kuverture, Pflaumenspalten und Nussblättchen verzieren.

ZUBEREITUNGSZEIT ca. 1 ½ Std. + Wartezeit ca. 6 Std.
STÜCK ca. 270 kcal
E 5 g · F 15 g · KH 27 g

Pflaumen-Streuseltaler

ZUTATEN FÜR CA. 12 STÜCK
- 500 g + 300 g + etwas Mehl
- 75 g + 125 g Zucker
- 2 Päckchen Vanillezucker ♥ Salz
- 200 ml Milch ♥ 1 Würfel (42 g) Hefe
- 2 Eier (Gr. M)
- 50 g + 150 g weiche Butter
- 75 g zarte Haferflocken
- 600 g Pflaumen/Zwetschen
- 250 g Pflaumenmus
- Puderzucker zum Bestäuben
- Backpapier

1 500 g Mehl, 75 g Zucker, 1 Päckchen Vanillezucker und 1 Prise Salz in einer Rührschüssel mischen. Milch lauwarm erwärmen. Hefe hineinbröckeln und darin auflösen. Zur Mehlmischung gießen. 1 Ei und 50 g Butter in Stückchen zufügen. Alles mit den Knethaken des Rührgerätes glatt verkneten. Zugedeckt an einem warmen Ort ca. 45 Minuten gehen lassen.

2 300 g Mehl, Haferflocken, 125 g Zucker, 1 Päckchen Vanillezucker, 1 Prise Salz, 1 Ei und 150 g Butter in Stückchen in eine Rührschüssel geben. Erst mit den Knethaken des Rührgerätes, dann kurz mit den Händen zu Streuseln verkneten. Pflaumen waschen, halbieren, entsteinen, in Spalten schneiden.

3 Zwei Backbleche mit Backpapier auslegen. Hefeteig auf etwas Mehl gut durchkneten, dann zur Rolle (ca. 36 cm lang) formen und in 12 Scheiben schneiden. Jede Scheibe zum Taler (ca. 11 cm Ø) ausrollen. Auf die Backbleche legen.

4 Pflaumenmus auf die Taler streichen, dabei rundherum ca. 1 cm Rand frei lassen. Pflaumen auf dem Pflaumenmus verteilen. Streusel darauf streuen, dabei zwischen den Fingern zerreiben. Pflaumentaler ca. 15 Minuten gehen lassen.

5 Bleche nacheinander im vorgeheizten Ofen (E-Herd: 225 °C/Umluft: 200 °C/Gas: s. Hersteller) ca. 12 Minuten backen. Taler auskühlen lassen und mit Puderzucker bestäuben.

ZUBEREITUNGSZEIT ca. 1 ¼ Std. + Gehzeit ca. 1 Std.
STÜCK ca. 560 kcal
E 10 g · F 17 g · KH 87 g

Pflaumenkuchen mit Zuckerstreuseln

ZUTATEN FÜR CA. 24 STÜCKE

- Fett für die Form
- 600 g Sommerpflaumen oder Pflaumen/Zwetschen
- 175 g Magerquark
- 6 EL Milch ♥ 6 EL Öl
- 50 g + 100 g Zucker
- 1 Päckchen Vanillezucker
- Salz ♥ 300 g Mehl
- 1 Päckchen Backpulver
- 5 EL (50 g) gemahlene Mandeln
- 1 Eigelb (Gr. M)
- Puderzucker zum Bestäuben

1 Eine Springform (26 cm Ø) fetten. Pflaumen waschen, halbieren und entsteinen. Pflaumenhälften vierteln.

2 Quark, Milch, Öl, 50 g Zucker, Vanillezucker und 1 Prise Salz verrühren. Mehl und Backpulver mischen und mit den Knethaken des Rührgerätes unterkneten. Dann kurz mit den Händen durchkneten. Auf etwas Mehl rund (ca. 30 cm Ø) ausrollen. Form damit auslegen, am Formrand gut andrücken.

3 Mandeln auf den Teigboden streuen, Pflaumen darauf verteilen. Eigelb und 100 g Zucker (kein Mehl!) mit einer Gabel mischen. Streuselartig auf dem Obst verteilen, dabei zwischen den Fingern zerreiben. Im vorgeheizten Ofen (E-Herd: 200 °C/Umluft: 175 °C/Gas: s. Hersteller) ca. 30 Minuten backen. In der Form auf einem Kuchengitter abkühlen lassen. Kurz vorm Servieren mit Puderzucker bestäuben. Dazu schmeckt Schlagsahne.

ZUBEREITUNGSZEIT ca. 50 Min.
STÜCK ca. 190 kcal
E 4 g · F 6 g · KH 28 g

Klassischer Hefe-Pflaumenkuchen

ZUTATEN FÜR CA. 24 STÜCKE

- 1 Würfel (42 g) Hefe
- 5 EL + 75 g Zucker
- 75 g Butter ♥ ¼ l Milch
- 550 g Mehl ♥ Salz
- 1 Ei (Gr. M)
- Fett für die Fettpfanne
- 1,5 kg Pflaumen/Zwetschen
- 50 g gemahlene Haselnusskerne
- ½ TL Zimt
- 2 EL Hagelzucker zum Bestreuen

1 Hefe zerbröckeln und mit 1 EL Zucker flüssig rühren. Butter schmelzen. Milch zufügen. Mehl, 1 Prise Salz und 75 g Zucker mischen. Hefe, lauwarme Milchmischung und Ei zufügen. Alles mit den Knethaken des Rührgerätes zu einem glatten Teig verkneten. Zugedeckt an einem warmen Ort mind. 45 Minuten gehen lassen.

2 Fettpfanne (32 x 39 cm; 3,5 cm hoch) fetten. Pflaumen waschen, halbieren und entsteinen. Teig nochmals durchkneten und auf der Fettpfanne ausrollen. Nüsse, Zimt und 4 EL Zucker mischen. Alles gleichmäßig auf den Teig streuen. Pflaumen mit der offenen Seite nach oben dicht an dicht darauf verteilen. Am warmen Ort nochmals ca. 20 Minuten gehen lassen.

3 Kuchen im heißen Ofen (E-Herd: 175 °C/Umluft: 150 °C/Gas: s. Hersteller) ca. 25 Minuten backen. Herausnehmen und mit Hagelzucker bestreuen. Auskühlen lassen. Dazu schmeckt Schlagsahne.

ZUBEREITUNGSZEIT ca. 1 Std. + Gehzeit mind. 1 Std.
STÜCK ca. 180 kcal
E 4 g · F 5 g · KH 30 g

HEFETEIG am besten direkt auf dem Blech ausrollen. Praktisch ist eine Rolle mit klappbaren Griffen

Pflaumen-Marzipan-Tarte mit Baiser

ZUTATEN FÜR CA. 16 STÜCKE:

- 100 g Marzipanrohmasse
- 250 g + etwas Mehl
- 40 g + etwas Puderzucker
- 1 Päckchen Vanillezucker
- 125 g kalte Butter
- 5 Tropfen Bittermandelaroma
- 1 Ei + 2 Eiweiß (Gr. M)
- 1 kg Zwetschen/Pflaumen
- 3 EL Semmelbrösel
- 2–3 EL Mandelblättchen
- 2 EL + 100 g Zucker

1 Marzipan grob raspeln. 250 g Mehl, 40 g Puderzucker, Vanillezucker, Marzipan, Butter in Stückchen, Aroma und 1 Ei erst mit dem Rührgerät, dann kurz mit den Händen glatt verkneten.

2 Marzipanteig auf etwas Mehl rund (ca. 30 cm Ø) ausrollen. Eine Tarteform mit Hebeboden (26 cm Ø) damit auslegen und am Rand in die Rillen drücken. Am Boden mit einer Gabel mehrmals einstechen. Zugedeckt ca. 30 Minuten kalt stellen.

3 Zwetschen waschen, halbieren und entsteinen. Mürbeteig im vorgeheizten Ofen (E-Herd: 200 °C/Umluft: 175 °C/ Gas: s. Hersteller) ca. 10 Minuten vorbacken. Semmelbrösel daraufstreuen. Pflaumen dicht an dicht darauf verteilen. Mit Mandeln und 2 EL Zucker bestreuen. Bei gleicher Temperatur ca. 20 Minuten weiterbacken.

4 2 Eiweiß steif schlagen, dabei 100 g Zucker einrieseln lassen. In großen Klecksen auf die Pflaumen geben. Bei gleicher Temperatur ca. 10 Minuten weiterbacken. Auskühlen lassen. Mit Puderzucker bestäuben.

ZUBEREITUNGSZEIT ca. 1 ½ Std. + Wartezeit
STÜCK ca. 240 kcal
E 4 g · F 10 g · KH 33 g

Pflaumenkuchen mit Makronengitter

ZUTATEN FÜR CA. 16 STÜCKE
- Fett und Mehl für die Form
- 150 g + etwas + 175 g + 25 g Mehl
- 75 g + 125 g + 50 g Zucker ♥ Salz
- 100 g kalte + 100 g weiche Butter
- 6 Eier (Gr. M)
- 500 g Pflaumen/Zwetschen
- 1 Päckchen Vanillezucker
- 25 g Speisestärke
- ½ Päckchen Backpulver
- 300 g Marzipanrohmasse
- Puderzucker zum Bestäuben

1 Springform (26 cm Ø) fetten und mit Mehl ausstäuben. Für den Mürbeteig 150 g Mehl, 75 g Zucker, 1 Prise Salz, 100 g Butter in Stückchen und 1 Ei erst mit den Knethaken des Rührgerätes und dann kurz mit den Händen glatt verkneten. Teig mit etwas Mehl bestäuben und in der Form mit den Händen als flachen Boden andrücken. Ca. 30 Minuten kalt stellen.

2 Pflaumen waschen, halbieren und entsteinen. Mürbeteig im vorgeheizten Backofen (E-Herd: 200 °C/Umluft: 175 °C/Gas: s. Hersteller) ca. 5 Minuten vorbacken.

3 100 g Butter, 125 g Zucker, Vanillezucker und 1 Prise Salz cremig rühren. 3 Eier einzeln unterrühren. 175 g Mehl, Stärke und Backpulver mischen und portionsweise kurz unterrühren. Auf den Mürbeteig streichen. Pflaumen darauf verteilen und bei gleicher Temperatur ca. 35 Minuten weiterbacken.

4 Marzipan grob raspeln. Marzipan, 50 g Zucker und 1 Ei mit dem Rührgerät glatt verrühren. Erst 1 weiteres Ei und dann 25 g Mehl unterrühren. In einen Spritzbeutel mit großer Sterntülle füllen. Als Gitter auf den Kuchen spritzen. Kuchen bei gleicher Temperatur ca. 15 Minuten weiterbacken (evtl. nach ca. 10 Minuten abdecken). In der Form ca. 2 Stunden auskühlen lassen. Mit Puderzucker bestäuben.

ZUBEREITUNGSZEIT ca. 2 Std. + Wartezeit
STÜCK ca. 390 kcal
E 7 g · F 19 g · KH 45 g

Pflaumenkuchen mit Baiserwellen

ZUTATEN FÜR CA. 24 STÜCKE

- Fett für die Fettpfanne
- 2 kg Pflaumen/Zwetschen
- 11 frische Eier (Gr. M)
- 250 g weiche Butter
- 200 g + 75 g + 250 g Zucker
- 1 Päckchen Vanillezucker
- Salz ♥ 200 g + 75 g Mehl
- 125 g Speisestärke
- 2 gestrichene TL Backpulver
- 200 g Marzipanrohmasse
- Puderzucker zum Bestäuben

1 Eine Fettpfanne (ca. 32 x 39 cm; ca. 3,5 cm tief) fetten. Pflaumen waschen, längs aufschneiden und entsteinen.

2 2 Eier trennen, Eiweiß kalt stellen. Butter, 200 g Zucker, Vanillezucker und 1 Prise Salz cremig rühren. 2 Eigelb und 3 Eier einzeln unterrühren. 200 g Mehl, Stärke und Backpulver mischen und portionsweise kurz unterrühren. Auf die Fettpfanne streichen. Pflaumen aufgeklappt dicht an dicht und dachziegelartig in den Teig drücken. Im vorgeheizten Ofen (E-Herd: 200 °C/Umluft: 175 °C/Gas: s. Hersteller) ca. 40 Minuten backen.

3 4 Eier trennen. Marzipan grob raspeln oder grob zerbröseln. Mit 75 g Zucker, 4 Eigelb und 2 Eiern mit dem Rührgerät ca. 2 Minuten verrühren. 75 g Mehl daraufsieben und unterheben. 2 Eiweiß steif schlagen und unterheben. Kuchen aus dem Ofen nehmen. Marzipanmasse daraufstreichen und bei gleicher Temperatur ca. 15 Minuten weiterbacken.

4 4 Eiweiß und 1 Prise Salz steif schlagen. Unter weiterem Schlagen 250 g Zucker einrieseln lassen. Weiterschlagen, bis sich der Zucker ganz gelöst hat. Mit einem Esslöffel ca. 24 Baiserwellen auf den Kuchen geben. In der Mitte im vorgeheizten Ofen (E-Herd: 225 °C/ Umluft: 200 °C/Gas: s. Hersteller) ca. 5 Minuten oder unter dem vorgeheizten Backofengrill ca. 2 Minuten hellbraun backen. Auskühlen lassen und mit Puderzucker bestäuben.

ZUBEREITUNGSZEIT ca. 2 Std.
STÜCK ca. 350 kcal
E 6 g · F 14 g · KH 48 g

Friesischer Pflaumenstreifen

ZUTATEN FÜR CA. 6–8 STÜCKE

- 750 g Pflaumen/Zwetschen
- 1 Rolle (270 g) frischer Blätterteig (auf Backpapier; ca. 24 x 42 cm; Kühlregal)
- 1 Eigelb
- 2 EL Milch
- 2 EL Hagelzucker
- 350 g Pflaumenmus
- 300 g Schlagsahne
- 1 Päckchen Vanillezucker
- 1 EL gehackte Haselnüsse

1 Pflaumen waschen, längs aufschneiden und entsteinen. Blätterteig samt Backpapier auf einem Backblech (ca. 40 cm breit) entrollen. Alle Kanten ca. 2 cm einrollen und mit einem Messerrücken einkerben, dabei etwas flacher drücken. Den Teigboden mit einer Gabel mehrmals einstechen.

2 Eigelb und Milch verquirlen und die Teigränder damit bestreichen. 1 EL Hagelzucker daraufstreuen. Pflaumenmus glatt rühren und auf den Teigboden streichen. Pflaumen aufgeklappt darauf verteilen. Im vorgeheizten Backofen (E-Herd: 225 °C/Umluft: 200 °C/Gas: s. Hersteller) ca. 15 Minuten backen. Auskühlen lassen.

3 Sahne steif schlagen, dabei Vanillezucker einrieseln lassen. Locker auf die Früchte streichen. Mit Nüssen und 1 EL Hagelzucker bestreuen.

ZUBEREITUNGSZEIT ca. 1 Std. + Wartezeit
STÜCK ca. 440 kcal
E 5 g · F 23 g · KH 49 g

REIFE FRÜCHTE

Zum Backen am besten reife, aber nicht zu weiche Pflaumen nehmen. Denn sie sind gut zu entsteinen und saften nicht so sehr.

Prasselkuchen mit Pflaumenmus

ZUTATEN FÜR CA. 20 STÜCKE

- 500 g + 2–3 EL Mehl
- 100 g gemahlene Mandeln (ohne Haut)
- ½ gestrichener TL Backpulver
- 300 g Zucker
- abgeriebene Schale von 2 Bio-Zitronen
- Salz
- 300 g weiche Butter
- 2 Eier (Gr. M)
- Fett fürs Blech
- 450 g Pflaumenmus (Glas)

1 500 g Mehl, Mandeln, Backpulver, Zucker, Zitronenschale und 1 Prise Salz mischen. Butter in Stückchen und Eier zufügen. Alles erst mit den Knethaken des Rührgerätes und dann kurz mit den Händen zu Streuseln verarbeiten. Ca. ⅓ Streusel ca. 30 Minuten kalt stellen.

2 Ein Backblech (ca. 35 x 40 cm) fetten. Übrige Streusel darauf verteilen und als Kuchenboden andrücken. Pflaumenmus daraufstreichen.

3 Kalte Streusel und 2–3 EL Mehl locker mischen und auf das Pflaumenmus streuen, dabei zwischen den Fingern zerreiben oder zerzupfen.

4 Kuchen im vorgeheizten Backofen (E-Herd: 200 °C/Umluft: 175 °C/Gas: s. Hersteller) ca. 30 Minuten backen. Auskühlen lassen. Dazu: Schlagsahne.

ZUBEREITUNGSZEIT ca. 1 Std. + Wartezeit
STÜCK ca. 340 kcal
E 4 g · F 14 g · KH 48 g

Lässt sich gut einfrieren

Pflaumenkuchen mit Quarkguss

ZUTATEN FÜR CA. 24 STÜCKE
- 500 g Mehl
- 100 g + 250 g Zucker ♥ Salz
- 100 g weiche Butter
- 7 Eier (Gr. M) ♥ 200 ml Milch
- 1 Würfel (42 g) Hefe
- 1,5 kg Pflaumen/Zwetschen
- 1 kg Sahnequark
- 1 Päckchen Vanillezucker
- 1 Päckchen Vanillepuddingpulver
- Fett für die Fettpfanne
- 75 g brauner Zucker

1 Mehl, 100 g Zucker, 1 Prise Salz, Butter in Stückchen und 1 Ei in eine Schüssel geben. Milch lauwarm erwärmen. Hefe hineinbröckeln und darin auflösen. Zum Mehlgemisch gießen und alles mit den Knethaken des Rührgerätes zu einem glatten Teig verkneten. Zugedeckt an einem warmen Ort ca. 45 Minuten gehen lassen.

2 Pflaumen waschen, längs aufschneiden und entsteinen. Quark, 250 g Zucker, Vanillezucker, Puddingpulver und 6 Eier kurz glatt rühren.

3 Eine Fettpfanne (ca. 32 x 39 cm; ca. 3,5 cm tief) fetten. Teig nochmals durchkneten. Dann mit etwas Mehl bestäuben und auf der Fettpfanne mit den Händen als Boden andrücken, dabei am Rand etwas hochdrücken.

4 Quarkmasse auf den Teig gießen. Pflaumen aufgeklappt mit den Schnittflächen nach oben dicht an dicht darauf verteilen. Im vorgeheizten Backofen (E-Herd: 200 °C/Umluft: 175 °C/Gas: s. Herstellen) ca. 30 Minuten backen. Kuchen mit braunem Zucker bestreuen und bei gleicher Temperatur ca. 20 Minuten weiterbacken. Auskühlen lassen. Dazu schmeckt Schlagsahne.

ZUBEREITUNGSZEIT ca. 1 ¾ Std. + Gehzeit ca. 45 Min.
STÜCK ca. 320 kcal
E 10 g · F 11 g · KH 43 g

WINTER

Oh, wie das duftet! Für die Adventszeit haben wir köstliche Schokokuchen, klassisches Weihnachtsgebäck und prachtvolle Torten für Sie zusammengestellt

SCHOKOKUCHEN 140

STOLLEN & FRÜCHTEBROT 154

PLÄTZCHEN 164

WEIHNACHTSTORTEN 176

Schoko-Streuselkuchen

ZUTATEN FÜR CA. 16 STÜCKE

- Fett für die Form
- 125 g + 100 g Butter
- 250 g + 75 g Mehl
- 30 g + 50 g Kakao
- 100 g + 225 g Zucker ♥ Salz
- 100 g Mandelkerne
- 100 g Zartbitterschokolade
- 3 Eier (Gr. M) ♥ 1 Päckchen Vanillezucker
- 2 gestrichene TL Backpulver
- 125 g Crème fraîche
- 150 g Zartbitterkuvertüre
- Puderzucker zum Bestäuben
- 1 kleiner Gefrierbeutel

1 Eine Springform (26 cm Ø) fetten. 125 g Butter schmelzen. 250 g Mehl, 30 g Kakao, 100 g Zucker und 1 Prise Salz mischen. Flüssige Butter zugießen. Erst mit den Knethaken des Rührgerätes, dann kurz mit den Händen zu Streuseln verarbeiten.

2 Mandeln grob hacken. Schokolade hacken, mit 100 g Butter im heißen Wasserbad schmelzen und ca. 10 Minuten abkühlen lassen.

3 Eier, 225 g Zucker, Vanillezucker und 1 Prise Salz mit dem Rührgerät ca. 8 Minuten cremig schlagen. Schokobutter unter weiterem Schlagen zugießen. 75 g Mehl, 50 g Kakao und Backpulver mit einem Kochlöffel unterrühren. Dann Crème fraîche und Mandeln unterrühren.

4 Schokoteig in die Form streichen. Streusel daraufstreuen, dabei zwischen den Fingern zerreiben. Im vorgeheizten Backofen (E-Herd: 175 °C/Umluft: 150 °C/Gas: s. Hersteller) ca. 45 Minuten backen. Vom Formrand lösen und in der Form auskühlen lassen.

5 Kuvertüre hacken und im heißen Wasserbad schmelzen. In den Gefrierbeutel füllen und unten eine kleine Ecke abschneiden. Kuchen mit Kuvertürestreifen verzieren und trocknen lassen. Mit Puderzucker bestäuben.

ZUBEREITUNGSZEIT ca. 1 ½ Std. + Wartezeit
STÜCK ca. 450 kcal
E 7 g · F 25 g · KH 45 g

Lässt sich gut einfrieren

Saftiger Schokoladen-kuchen

ZUTATEN FÜR CA. 20 SCHEIBEN

- Fett und Semmelbrösel für die Form
- 5 Eier (Gr. M)
- 300 g Zucker
- 1 Päckchen Vanillezucker ♥ Salz
- 150 g gemahlene Haselnüsse
- 75 g kakaohaltiges Getränkepulver (z. B. „Kaba")
- 2 gehäufte EL (30 g) Kakao
- 200 g Mehl
- 1 Päckchen Backpulver
- 175 ml Öl (z. B. Sonnenblumenöl)
- 175 ml Mineralwasser mit Kohlensäure
- 100 g Zartbitterschokolade
- 15 g Kokosfett (z. B. Palmin)
- 50 g Haselnussblättchen

1 Backofen vorheizen (E-Herd: 175 °C/ Umluft: 150 °C/Gas: s. Hersteller). Kastenform (30 cm lang; ca. 2 ½ l Inhalt) fetten und mit Semmelbröseln ausstreuen. Eier, Zucker, Vanillezucker und 1 Prise Salz mit den Schneebesen des Rührgerätes ca. 8 Minuten schaumig schlagen.

2 Haselnüsse, kakaohaltiges Getränkepulver, Kakao, Mehl und Backpulver mischen. Unter die Eimasse rühren. Öl und Sprudel nach und nach kurz unterrühren (der Teig wird relativ flüssig).

3 Teig in die Form füllen und in den vorgeheizten Backofen schieben. Ofentemperatur herunterschalten (E-Herd: 150 °C/Umluft: 125 °C/Gas: s. Hersteller) und den Kuchen ca. 1 ¼ Stunden backen. Kuchen herausnehmen und ca. 20 Minuten abkühlen lassen. Aus der Form stürzen und auf einem Kuchengitter auskühlen lassen.

4 Schokolade und Kokosfett grob hacken und im heißen Wasserbad unter Rühren schmelzen. Etwas abkühlen lassen. Haselnussblättchen in einer Pfanne ohne Fett rösten. Auskühlen lassen. Schokoguss auf dem Kuchen verteilen. Haselnussblättchen nach ca. 10 Minuten darauf verteilen. Trocknen lassen.

ZUBEREITUNGSZEIT ca. 2 Std. + Wartezeit ca. 2 Std.
SCHEIBE ca. 320 kcal
E 5 g · F 19 g · KH 30 g

Lässt sich gut einfrieren

Schoko-Sahne-Torte mit Eierlikör

ZUTATEN FÜR CA. 16 STÜCKE

- 5 Eier (Gr. M)
- 200 g Zucker
- 200 g gemahlene Mandeln
- 3 gestrichene EL Kakao
- 1 gestrichener TL Backpulver
- 500 g Schlagsahne
- 1 Päckchen Vanillezucker
- 150–175 ml Eierlikör
- 2 EL Schokoraspel (z. B. Zartbitter)
- Backpapier

1 Boden einer Springform (26 cm Ø) mit Backpapier auslegen. Eier und Zucker mit den Schneebesen des Rührgerätes ca. 8 Minuten schaumig rühren, bis eine dickliche weiße Creme entstanden ist.

2 Mandeln, 2 EL Kakao und Backpulver mischen und mit einem Teigschaber vorsichtig und gleichmäßig unter die Eicreme heben.

3 Biskuitmasse in die Springform füllen und glatt streichen. Im vorgeheizten Backofen (E-Herd: 200 °C/Umluft: 175 °C/Gas: s. Hersteller) ca. 30 Minuten backen. Biskuit mit einem Messer rundum vom Springformrand lösen. Dann auf einem Kuchengitter in der Form auskühlen lassen.

4 Biskuit aus der Form lösen, Backpapier abziehen. Sahne steif schlagen und dabei Vanillezucker einrieseln lassen. Sahne locker auf dem Boden verstreichen. Torte ca. 1 Stunde kalt stellen.

5 Kurz vorm Servieren Eierlikör vorsichtig auf die Sahne gießen (vorher nicht so stark schütteln!). Rundherum mit Schokoraspeln bestreuen und mit 1 EL Kakao bestäuben.

ZUBEREITUNGSZEIT ca. 1 Std. + Wartezeit ca. 1 Std.
STÜCK ca. 300 kcal
E 6 g · F 20 g · KH 18 g

DAS AUGE ISST MIT

Der Eierlikör läuft beim Anschneiden der Torte schnell herunter. Verrühren Sie ihn einfach mit 1–2 Blatt aufgelöster weißer Gelatine – dann wird er schnittfest und bleibt in Form.

Lässt sich gut einfrieren

Schokoladen-Johannisbeertorte „Sacher-Art“

ZUTATEN FÜR CA. 16 STÜCKE

- 200 g Zartbitterschokolade
- 8 Eier (Gr. M)
- 150 g weiche Butter
- 150 g Zucker
- 1 Päckchen Vanillezucker ♥ Salz
- 150 g Mehl ♥ 1 gestrichener TL Backpulver
- 30 g Puderzucker
- 225 g Johannisbeergelee
- 6 EL Crème de Cassis (Johannisbeerlikör) oder Kirschlikör
- 200 g Zartbitterkuvertüre
- 100 g Schlagsahne
- 15 g Kokosfett (z. B. Palmin)
- Gold- und Silberperlen zum Verzieren
- Backpapier

1 Eine Springform (26 cm Ø; ca. 8 cm hoch) am Boden mit Backpapier auslegen. Schokolade in Stücke teilen und im heißen Wasserbad schmelzen. Ca. 10 Minuten abkühlen lassen.

2 Eier trennen. Butter, Zucker, Vanillezucker und 1 Prise Salz cremig rühren. Eigelb einzeln unterrühren. Flüssige Schokolade unterrühren. Mehl und Backpulver mischen und kurz unterrühren. Eiweiß steif schlagen, dabei Puderzucker einrieseln lassen. ⅓ Eischnee unter den Teig rühren. Übrigen Eischnee portionsweise unter den Teig heben. In die Form streichen. Im vorgeheizten Ofen (E-Herd: 175 °C/Umluft: 150 °C/Gas: s. Hersteller) ca. 45 Minuten backen. Auskühlen lassen.

3 Tortenboden waagerecht halbieren. Johannisbeergelee erwärmen. Unteren Boden mit 3 EL Likör beträufeln und mit ⅓ Gelee bestreichen. Mit dem oberen Boden belegen und mit 3 EL Likör beträufeln. Torte rundherum mit übrigem Gelee einstreichen.

4 Für den Schokoguss Kuvertüre grob hacken und in einem kleinen Topf mit Sahne und Kokosfett unter Rühren bei schwacher Hitze schmelzen. Ca. 5 Minuten abkühlen lassen, bis die Masse etwas dicklicher ist, dabei öfter umrühren. Die Torte damit überziehen. Mit Gold- und Silberperlen verzieren. Mind. 1 Stunde kalt stellen.

ZUBEREITUNGSZEIT ca. 1 ¾ Std. + Wartezeit ca. 1 Std.
STÜCK ca. 410 kcal
E 7 g · F 23 g · KH 41 g

Lässt sich gut einfrieren

Marmorierter Gugelhupf

ZUTATEN FÜR CA. 20 STÜCKE

- Fett und Semmelbrösel für die Form
- ½ Vanilleschote ♥ 60 g Blockschokolade
- 30 g + 250 g weiche Butter
- 100 g + 250 g Zucker ♥ Salz
- 6 Eier (Gr. M)
- abgeriebene Schale von ½ Bio-Zitrone
- Zimt ♥ 1 TL Kaffeepulver (instant)
- 75 g + 300 g Mehl
- 100 g gehackte Mandeln
- 2 Päckchen Vanillezucker
- 1 Päckchen Backpulver
- 2 EL Rum ♥ 3 EL Kakao
- 300 g weiße Kuvertüre
- 100 g Vollmilchkuvertüre

1 Eine Gugelhupfform (22 cm Ø; ca. 2,5 l Inhalt) fetten und mit Semmelbröseln ausstreuen. Vanilleschote längs halbieren und das Mark herauskratzen. Blockschokolade hacken.

2 30 g Butter, 100 g Zucker und 1 Prise Salz verrühren. 2 Eier einzeln einrühren. Vanillemark, Zitronenschale, 1 Msp. Zimt und Kaffee unterrühren. 75 g Mehl und Mandeln mischen, kurz unterrühren. Anschließend die Blockschokolade unterheben.

3 250 g Butter, 250 g Zucker, Vanillezucker und 1 Prise Salz cremig rühren. 4 Eier nacheinander unterrühren. 300 g Mehl und Backpulver mischen, kurz unterrühren. Teig halbieren. Unter eine Hälfte Rum und Kakao rühren.

4 Erst den hellen Teig, dann Mandelteig und zum Schluss den dunklen Teig in die Gugelhupfform streichen. Im vorgeheizten Ofen (E-Herd: 175 °C/ Umluft: 150 °C/Gas: s. Hersteller) ca. 1 Stunde backen. Ca. 10 Minuten abkühlen lassen, dann aus der Form stürzen und völlig auskühlen lassen.

5 Weiße Kuvertüre grob hacken. Im heißen Wasserbad schmelzen. Kuchen damit ganz überziehen. Ca. 10 Minuten antrocknen lassen. Inzwischen Vollmilchkuvertüre ebenfalls hacken und schmelzen. In Streifen über den Kuchen träufeln, trocknen lassen. Dazu schmeckt Schlagsahne.

ZUBEREITUNGSZEIT ca. 2 Std. + Wartezeit ca. 6 Std.
STÜCK ca. 440 kcal
E 7 g · F 24 g · KH 45 g

Lässt sich gut einfrieren

Schoko-Bratapfelkuchen

ZUTATEN FÜR CA. 16 STÜCKE

- 8 kleine Äpfel (ca. 1 kg; z. B. Elstar)
- 2–3 EL Zitronensaft
- 70 g Walnusskerne
- 50 g Nussnougat (schnittfest)
- 100 g Zartbitterschokolade
- Fett und Mehl für die Form
- 175 g weiche Butter
- 150 g Zucker (z. B. feiner brauner)
- 1 Päckchen Vanillezucker ♥ Salz
- 4 Eier (Gr. M) ♥ 250 g Mehl
- 1 gehäufter TL (5 g) Kakao
- 1 Päckchen Backpulver
- Puderzucker zum Bestäuben

1 Äpfel schälen, Kerngehäuse herausstechen (z. B. mit einem Apfelausstecher). Äpfel mit Zitronensaft beträufeln, in eine Auflaufform setzen. Im vorgeheizten Ofen (E-Herd: 175 °C/ Umluft: 150 °C/Gas: s. Hersteller) ca. 15 Minuten braten. Auskühlen lassen.

2 Nüsse hacken. Nougat im heißen Wasserbad schmelzen und ca. 15 Minuten abkühlen lassen. Nüsse und Nougat mischen, in die Äpfel füllen, andrücken. Schokolade in Stücke teilen und im heißen Wasserbad schmelzen, ca. 10 Minuten abkühlen lassen.

3 Springform (26 cm Ø) fetten, mit Mehl ausstäuben. Butter, Zucker, Vanillezucker und 1 Prise Salz cremig rühren. Eier einzeln unterrühren. Mehl, Kakao und Backpulver mischen, portionsweise kurz unterrühren. Flüssige Schokolade kurz unterrühren. In die Form streichen. Äpfel hineinsetzen, dabei ca. 1,5 cm zum Rand frei lassen. Etwas in den Teig drücken.

4 Im vorgeheizten Backofen (E-Herd: 175 °C/Umluft: 150 °C/Gas: s. Hersteller) ca. 70 Minuten backen (evtl. nach ca. 1 Stunde abdecken). Mit einem Messer vom Formrand lösen, in der Form auskühlen lassen. Mit Puderzucker bestäuben.

ZUBEREITUNGSZEIT ca. 2 Std. + Wartezeit
STÜCK ca. 450 kcal
E 7 g · F 25 g · KH 47 g

Lässt sich gut einfrieren

Erdnuss-Schoko-Ecken

ZUTATEN FÜR CA. 30 STÜCKE
- 150 g + 250 g Zartbitterkuvertüre
- 150 g + 200 g ungesalzene Erdnusskerne
- Fett für die Fettpfanne
- 250 g Butter
- 250 g Erdnusscreme
- 9 Eier (Gr. M)
- 450 g brauner Zucker ♥ Salz
- 250 g zimmerwarme + 150 g Crème fraîche
- 300 g Mehl
- 6 leicht gehäufte EL (60 g) Kakao
- 200 g Puderzucker
- 6 EL Zitronensaft ♥ Backpapier

1 150 g Kuvertüre hacken, im heißen Wasserbad schmelzen. 150 g Erdnüsse unterrühren und mithilfe von zwei Teelöffeln 30 Häufchen auf ein Stück Backpapier setzen. Trocknen lassen.

2 Fettpfanne (ca. 32 x 39 cm; mind. 3,5 cm tief) fetten. 250 g Kuvertüre hacken und Butter würfeln. Beides mit Erdnusscreme im heißen Wasserbad schmelzen, etwas abkühlen lassen.

3 Eier, Zucker und 1 Prise Salz mind. 8 Minuten hellcremig schlagen. Flüssige Kuvertüremasse nach und nach unterrühren. 250 g zimmerwarme Crème fraîche unterrühren. Mehl und Kakao (kein Backpulver!) mischen, kurz unterrühren. 200 g Erdnüsse grob hacken und unterheben.

4 Teig auf die Fettpfanne streichen. Im vorgeheizten Backofen (E-Herd: 200 °C/Umluft: 175 °C/Gas: s. Hersteller) ca. 30 Minuten backen (der Kuchen sollte innen noch etwas feucht und klebrig sein). Puderzucker und Saft verrühren. Kuchen damit bestreichen, auskühlen lassen. In Stücke teilen und mit 150 g Crème fraîche und Nusshäufchen verzieren.

ZUBEREITUNGSZEIT ca. 1 ¾ Std. + Wartezeit
STÜCK ca. 460 kcal
E 11 g · F 27 g · KH 39 g

Lässt sich gut einfrieren

Schokoladen-Festtagstorte

ZUTATEN FÜR 16–20 STÜCKE

- Fett für die Form
- 200 g + 300 g Zartbitterschokolade
- 8 Eier (Gr. M) ♥ 150 g weiche Butter
- 150 g + 2 EL Zucker ♥ 1 Päckchen Vanillezucker ♥ Salz
- 150 g Mehl ♥ 1 gehäufter TL Backpulver
- 400 g Schlagsahne
- 200 g + 350 g Aprikosenkonfitüre
- 5 EL Cognac
- 250 g + 100 g Zartbitterkuvertüre
- 25 g Kokosfett (z. B. Palmin) ♥ evtl. Blattgold zum Verzieren

1 Springform (26 cm Ø; ca. 8 cm hoch) fetten. 200 g Schokolade in Stücke teilen, im heißen Wasserbad schmelzen. Ca. 5 Minuten abkühlen lassen.

2 Eier trennen. Butter, 150 g Zucker, Vanillezucker und 1 Prise Salz cremig rühren. Eigelb einzeln unterrühren. Dann geschmolzene Schokolade löffelweise unterrühren. Mehl und Backpulver mischen, kurz unterrühren. Eiweiß und 1 Prise Salz steif schlagen, dabei 2 EL Zucker einrieseln lassen. Portionsweise unter den Schokoteig heben. In die Form streichen. Im vorgeheizten Backofen (E-Herd: 175 °C/Umluft: 150 °C/Gas: s. Hersteller) ca. 50 Minuten backen. Ca. 2 Stunden auskühlen lassen.

3 300 g Schokolade in Stücke teilen. Sahne erhitzen, vom Herd ziehen. Schokostücke darin schmelzen. Auskühlen lassen, ca. 2 Stunden kalt stellen.

4 Tortenboden 2 x waagerecht durchschneiden. ⅔ Schokosahne mit dem Rührgerät ca. ½ Minute cremig rühren (nur kurz, sonst wird sie fest!). Auf den unteren Boden streichen. 2. Boden darauflegen. 200 g Konfitüre und 3 EL Cognac erwärmen. Auf den 2. Boden streichen. 3. Boden darauflegen, ca. 1 Stunde kalt stellen. Rest Schokosahne ebenso kalt stellen.

5 350 g Konfitüre und 2 EL Cognac erwärmen, durch ein Sieb streichen. Torte damit einstreichen. Mind. 2 Stunden durchziehen lassen.

6 250 g Kuvertüre hacken und mit Kokosfett im heißen Wasserbad schmelzen. Etwas abkühlen lassen. Torte damit überziehen. An einem kühlen Ort über Nacht trocknen lassen.

7 100 g Kuvertüre hacken, im Wasserbad schmelzen. Dünn auf eine glatte Fläche (z. B. Marmorplatte oder Rückseite eines Backblechs) streichen und antrocknen lassen. In großen Spänen abschaben. Rest Schokosahne nur kurz cremig rühren. In einen Spritzbeutel mit Sterntülle füllen. Torte mit Tuffs, Schokospänen und Blattgold verzieren.

ZUBEREITUNGSZEIT ca. 4 Std. + Wartezeit ca. 19 Std.
STÜCK ca. 550 kcal
E 7 g · F 32 g · KH 54 g

Sahnige Schokoladen-Walnuss-Torte

ZUTATEN FÜR CA. 16 STÜCKE

- 200 g + 75 g Zartbitterschokolade
- 400 g + 600 g Schlagsahne
- 2 TL Espressopulver (instant)
- 150 g + 50 g Walnusskerne
- 4 Eier (Gr. M) ♥ Salz
- 150 g + 5 EL Zucker
- 1 Päckchen Vanillezucker
- 125 g Mehl ♥ 1 gestrichener TL Backpulver
- 1 Glas (720 ml) Kirschen
- 1 Päckchen Vanillepuddingpulver
- 2 Päckchen Sahnesteif ♥ 60 g Kakao
- Backpapier

1 Springform (26 cm Ø) am Boden mit Backpapier auslegen. 200 g Schokolade in Stücke teilen. 400 g Sahne aufkochen, vom Herd ziehen. Schokostücke unter Rühren darin schmelzen. Espressopulver einrühren. Auskühlen lassen, dann mind. 4 Stunden kalt stellen.

2 150 g Nüsse im Universalzerkleinerer mahlen. Eier trennen. Eiweiß, 3 EL kaltes Wasser und 1 Prise Salz steif schlagen. Dabei 150 g Zucker und Vanillezucker einrieseln lassen. Eigelb einzeln unterschlagen. Mehl und Backpulver mischen. Mit den gemahlenen Nüssen unterheben. In die Form streichen. Im heißen Ofen (E-Herd: 175 °C/ Umluft: 150 °C/Gas: s. Hersteller) ca. 30 Minuten backen. Auskühlen lassen.

3 Kirschen abtropfen lassen, den Saft dabei auffangen. Puddingpulver und 10 ml Wasser verrühren. Saft aufkochen. Puddingpulver einrühren und unter Rühren ca. 1 Minute köcheln. Kirschen unterheben. Kompott auskühlen lassen.

4 50 g Nüsse hacken. 2 EL Zucker in einer Pfanne goldgelb karamellisieren. Nüsse darin wenden. Auf Backpapier verteilen. Auskühlen lassen.

5 Tortenboden waagerecht halbieren. Um den unteren Boden einen Tortenring schließen. Schokosahne kurz mit dem Rührgerät cremig aufschlagen, dabei Sahnesteif einrieseln lassen. ¼ Creme auf den unteren Boden streichen. Kirschen auf der Creme verteilen. Rest Creme auf die Kirschen streichen. Mit dem 2. Boden belegen und mind. 2 Stunden kalt stellen.

6 Kakao und 3 EL Zucker mischen. 600 g Sahne steif schlagen. Dabei die Kakaomischung einrieseln lassen. Torte mit der Hälfte Kakaosahne einstreichen. Rest Kakaosahne in einen Spritzbeutel mit großer Sterntülle füllen und Tuffs auf die Torte spritzen. 75 g Schokolade in Stücke teilen und im heißen Wasserbad schmelzen. Ca. 20 Minuten abkühlen lassen, bis sie dickflüssig wird. Mit einem Löffel auf dem Tortenrand verteilen. Kandierte Nüsse kurz vorm Servieren auf die Torte streuen.

ZUBEREITUNGSZEIT ca. 2 Std. + Wartezeit mind. 6 Std.
STÜCK ca. 530 kcal
E 8 g · F 36 g · KH 40 g

Apfel-Schokotorte

ZUTATEN FÜR CA. 16 STÜCKE

- Fett und Mehl für die Form
- 100 g Walnusskerne
- 800 g säuerliche Äpfel ♥ 5 EL Zitronensaft
- 250 g Butter
- 300 g + 300 g Edelkuvertüre (70 % Kakao)
- 5 Eier (Gr. M) ♥ Salz
- 250 g Zucker ♥ 175 g Mehl
- 1 gestrichener TL Backpulver
- 25 g Kokosfett (z. B. Palmin)
- Backpapier

1 Eine Springform (26 cm Ø; ca. 7 cm hoch) fetten und mit Mehl ausstäuben. Nüsse grob hacken. 1 kleinen Apfel beiseitelegen. Übrige Äpfel schälen, vierteln, entkernen und in Würfel schneiden. Mit 3 EL Zitronensaft beträufeln.

2 Butter würfeln. Von 300 g Kuvertüre mit einem Sparschäler ca. 2 EL Späne abziehen, beiseitestellen. Rest von den 300 g Kuvertüre grob hacken. Mit der Butter im heißen Wasserbad schmelzen. Etwas abkühlen lassen.

3 Eier trennen. Eiweiß und 1 Prise Salz steif schlagen. Eigelb und Zucker ca. 5 Minuten cremig schlagen. Flüssige Schokobutter im dünnen Strahl darunterschlagen. Mehl und Backpulver daraufsieben, unterheben. Erst Eischnee, dann Nüsse und Apfelwürfel unterheben. In die Form streichen. Im vorgeheizten Ofen (E-Herd: 200 °C/ Umluft: 175 °C/Gas: s. Hersteller) ca. 1 Stunde backen (evtl. nach 45 Minuten abdecken). Auskühlen lassen.

4 300 g Edelkuvertüre hacken, mit Kokosfett im heißen Wasserbad schmelzen. Übrigen Apfel waschen, halbieren, entkernen und in Spalten schneiden. Mit 2 EL Zitronensaft beträufeln. Dann trocken tupfen und zur Hälfte in die Kuvertüre tauchen. Auf Backpapier trocknen lassen. Mit einem Löffel etwas Kuvertüre in Streifen darüberträufeln. Trocknen lassen.

5 Rest Kuvertüre nochmals erwärmen und die Torte damit überziehen. Schokotorte mit Schokoäpfeln und -spänen verzieren. Trocknen lassen.

ZUBEREITUNGSZEIT ca. 2 Std. + Wartezeit mind. 2 Std.
STÜCK ca. 520 kcal
E 8 g · F 33 g · KH 43 g

Lässt sich gut einfrieren

Florentiner Nougattorte

ZUTATEN FÜR CA. 16 STÜCKE

- 400 g Nussnougat (schnittfest)
- 500 g + 100 g + 200 g Schlagsahne
- 250 g + etwas Mehl
- 75 g + 75 g Zucker
- 1 Päckchen Vanillezucker • Salz
- 1 Ei (Gr. M) • 125 g kalte Butter
- 50 g kandierte Früchte (gewürfelt; z. B. Früchtemix)
- 100 g Mandelblättchen
- 300 g angedickte Wildpreiselbeeren (Glas)
- Backpapier

1 Nougat würfeln. 500 g Sahne aufkochen, vom Herd ziehen. Nougat darin unter Rühren schmelzen. Auskühlen lassen und ca. 2 Stunden kalt stellen.

2 250 g Mehl, 75 g Zucker, Vanillezucker, 1 Prise Salz, Ei und Butter in Stückchen erst mit den Knethaken, dann mit den Händen glatt verkneten. Zugedeckt ca. 30 Minuten kalt stellen.

3 Teig halbieren. Jede Hälfte mit Mehl bestäuben und auf Backpapier in Formbodengröße (26 cm Ø) sehr dünn ausrollen. 1 Boden (2. Boden kalt stellen) mitsamt Backpapier in die Springform legen und mit einer Gabel mehrmals einstechen. Im vorgeheizten Ofen (E-Herd: 200 °C/Umluft: 175 °C/Gas: s. Hersteller) ca. 12 Minuten backen. Auskühlen lassen.

4 Für die Florentinermasse Früchtemix feiner hacken. 100 g Sahne und 75 g Zucker im kleinen Topf aufkochen. Früchtemix und Mandeln zufügen. Unter Rühren ca. 2 Minuten köcheln, ca. 10 Minuten abkühlen lassen. 2. Tortenboden mit Backpapier in die Form legen, einstechen, ebenfalls ca. 10 Minuten backen. Herausnehmen, Florentinermasse darauf verstreichen und bei gleicher Temperatur ca. 8 Minuten weiterbacken. Rand vorsichtig lösen und den heißen Boden mit einem angefeuchteten Messer in ca. 16 Tortenstücke schneiden. Auskühlen lassen.

5 Tortenring um den 1. Boden schließen. Preiselbeeren darauf verstreichen. Nougatsahne cremig aufschlagen und auf die Beeren streichen. Mind. 4 Stunden kalt stellen.

6 200 g Sahne steif schlagen. In einen Spritzbeutel mit großer Sterntülle füllen und Sahnetuffs auf die Torte spritzen. Florentinerstücke daranlegen.

ZUBEREITUNGSZEIT ca. 2 Std. + Wartezeit mind. 6 Std.
STÜCK ca. 540 kcal
E 7 g · F 33 g · KH 49 g

Schoko-Pralinentorte

ZUTATEN FÜR CA. 16 STÜCKE

- Fett und Mehl für die Form
- 100 g Zartbitterschokolade
- 250 g Butter ♥ 200 g Mehl
- 1 ½ gestrichene TL Backpulver
- 3 leicht gehäufte EL (25 g) Kakao
- 5 Eier (Gr. M) ♥ 350 g Zucker ♥ Salz
- 400 g Zartbitter-Weihnachtsschokolade (ohne Füllung) oder Zartbitterschokolade + ½ gestrichener TL Spekulatiusgewürz
- 300 g Schlagsahne
- 3 EL (60 g) Orangenmarmelade
- Kakao zum Bestäuben

1 Springform (26 cm Ø) fetten und mit Mehl ausstäuben. Zartbitterschokolade in Stücke teilen und mit Butter in Stückchen im heißen Wasserbad schmelzen. Ca. 15 Minuten lauwarm abkühlen lassen.

2 Mehl, Backpulver und Kakao mischen. Eier, Zucker und 1 Prise Salz ca. 5 Minuten dickcremig schlagen. Erst Schokobutter, dann Mehlmischung kurz unterrühren. In die Form streichen. Im heißen Ofen (E-Herd: 175 °C/ Umluft: 150 °C/Gas: s. Hersteller) ca. 50 Minuten backen. Auskühlen lassen.

3 Weihnachtsschokolade in Stücke teilen. Sahne aufkochen und vom Herd ziehen. Weihnachtsschokolade unter Rühren darin schmelzen. Auskühlen lassen. Dann ca. 30 Minuten kalt stellen, bis sie fester wird.

4 Schokocreme mit den Schneebesen des Rührgerätes ca. 20 Sekunden cremig rühren (nicht zu lange, damit sie nicht zu fest wird). 6 EL zum Verzieren beiseitestellen (nicht kalt stellen!).

5 Vom Tortenboden einen dünnen Deckel (ca. ⅓ des Bodens) abschneiden. Unteren Boden mit Marmelade bestreichen. Schokocreme kuppelartig daraufhäufen und in Form streichen. Deckel in 16 Tortenstücke schneiden und auf die Schokocreme legen. Rest Creme in einen Spritzbeutel mit Lochtülle füllen und Tuffs auf die Tortenstücke spritzen. Ca. 30 Minuten kalt stellen. Mit Kakao bestäuben.

ZUBEREITUNGSZEIT ca. 2 Std. + Wartezeit mind. 2 Std.
STÜCK ca. 530 kcal
E 7 g · F 32 g · KH 49 g

Lässt sich gut einfrieren

Gewürzhonigkuchen mit Walnüssen

ZUTATEN FÜR CA. 20 STÜCKE

- 30 g Korinthen
- 125 g Butter ♥ 50 g Schweineschmalz
- 150 g Zucker
- je 25 g Zitronat und Orangeat
- 50 g Walnusskerne
- abgeriebene Schale von ½ Bio-Zitrone
- 250 g Mehl ♥ 1 gestrichener TL Backpulver
- 1 ½ TL Zimt ♥ ½ TL Muskat
- ¼ TL gemahlene Gewürznelken
- 2 Eier (Gr. M)
- 325 g flüssiger Honig
- 100 ml Madeirawein (z. B. halbtrocken) oder Portwein
- ⅛ l Milch
- Fett und Mehl für die Form
- je 2 kandierte Orangen- und Zitronenscheiben
- Puderzucker zum Bestäuben

1 Korinthen waschen, abtropfen und trocken tupfen. Butter und Schmalz bei schwacher Hitze zerlassen. Zucker und Korinthen unterrühren. Etwas abkühlen lassen.

2 Zitronat und Orangeat fein hacken, Hälfte Walnusskerne grob hacken. Alles mit Zitronenschale in das Fett rühren. Mehl, Backpulver und Gewürze in einer Schüssel mischen. Buttermischung zugeben und unterrühren. Dann Eier, Honig, Wein und Milch zufügen und alles zu einem glatten Teig verrühren. Zugedeckt ca. 4 ½ Stunden bei Raumtemperatur ruhen lassen.

3 Springblech (ca. 30 cm Ø) fetten und mit Mehl ausstäuben. Teig in der Form glatt streichen. Mit kandierten Früchten und übrigen Walnusskernen belegen. Im vorgeheizten Backofen (E-Herd: 175 °C/Umluft: 150 °C/Gas: s. Hersteller) ca. 25 Minuten backen. Temperatur herunterschalten (E-Herd: 150 °C/Umluft: 125 °C/Gas: s. Hersteller) und ca. 20 Minuten weiterbacken. In der Form auskühlen lassen. Mit Puderzucker bestäuben.

ZUBEREITUNGSZEIT ca. 2 Std. + Wartezeit 4–5 Std.
STÜCK ca. 250 kcal
E 3 g · F 10 g · KH 34 g

Cranberry-Nuss-Zopf

ZUTATEN FÜR CA. 25 SCHEIBEN

- ¼ l + 2 EL Milch
- 1 Würfel (42 g) Hefe
- 500 g + etwas Mehl
- 50 g Zucker
- 50 g weiche Butter
- 2 Eier (Gr. M) ♥ Salz
- 100 g getrocknete Cranberrys
- 5 EL Apfelsaft
- 100 g Pekannusskerne oder Erdnusskerne
- 1 großer Apfel (ca. 250 g)
- 2 EL Johannisbeergelee ♥ 3 EL Honig
- Backpapier

1 ¼ l Milch lauwarm erwärmen. Hefe hineinbröckeln und darin auflösen. Mehl, Zucker, Butter, 1 Ei und 1 Prise Salz in eine Schüssel geben. Hefemilch zufügen und alles zu einem glatten Teig verkneten. Zugedeckt an einem warmen Ort mind. 45 Minuten gehen lassen. Cranberrys im Apfelsaft ca. 30 Minuten einweichen.

2 Nüsse grob hacken und rösten, herausnehmen. 1 Ei trennen, Eigelb kalt stellen. Apfel waschen, entkernen und fein würfeln. Cranberrys, Gelee, Honig, Nüsse, Apfel und Eiweiß verrühren.

3 Teig nochmals durchkneten und auf etwas Mehl zu einem Rechteck (ca. 35 x 45 cm) ausrollen. Cranberrymischung daraufstreichen. Von der Längsseite her aufrollen. Rolle der Länge nach durchschneiden und beide Stränge zur Kordel drehen. Diagonal auf ein mit Backpapier belegtes Blech legen. Nochmals ca. 30 Minuten gehen lassen.

4 Eigelb und 2 EL Milch verquirlen. Nusszopf damit einstreichen. Im heißen Backofen (E-Herd: 200 °C/Umluft: 175 °C/Gas: s. Hersteller) ca. 40 Minuten backen.

ZUBEREITUNGSZEIT ca. 1 ½ Std. + Gehzeit ca. 1 ¼ Std.
SCHEIBE ca. 150 kcal
E 4 g · F 4 g · KH 24 g

FRISCH AM BESTEN

Lockeres Hefegebäck schmeckt frisch gebacken am besten. Reste sollten Sie deshalb gleich einfrieren und nach dem Auftauen kurz im Ofen aufbacken.

Lässt sich gut einfrieren

Aprikosen-Marzipan-Stollen

ZUTATEN FÜR CA. 24 SCHEIBEN

- 100 g getrocknete Aprikosen
- 2 EL Aprikosenlikör
- 200 g Marzipanrohmasse
- 100 g ungesalzene Cashewkerne
- 500 g Mehl ♥ 1 Päckchen Backpulver
- 150 g + 100 g Butter
- 175 g Zucker
- 1 Päckchen Vanillezucker
- 3 Eier (Gr. M)
- 325 g Magerquark
- Mehl für die Arbeitsfläche
- 75 g Pistazienkerne
- 200 g Puderzucker
- Backpapier

1 Aprikosen würfeln und mit Likör beträufeln. Marzipan würfeln und die Cashewkerne grob hacken.

2 Mehl, Backpulver, 150 g Butter in Stückchen, Zucker, Vanillezucker, Eier und Quark in eine Schüssel geben und mit den Knethaken des Rührgerätes zu einem glatten Teig verkneten.

3 Den Teig auf bemehlter Arbeitsfläche nochmals durchkneten. Aprikosen, Pistazien und Cashewkerne unterkneten. Teig auf wenig Mehl zu einem Rechteck (32 x 38 cm) ausrollen. Marzipan gleichmäßig darauf verteilen. Teig zum Stollen formen.

4 Stollen auf ein mit Backpapier ausgelegtes Backblech legen. Im vorgeheizten Backofen (E-Herd: 200 °C/ Umluft: 175 °C/Gas: s. Hersteller) ca. 1 Stunde backen. Nach der Hälfte der Backzeit mit Backpapier abdecken. Auf einem Kuchengitter etwas abkühlen lassen.

5 100 g Butter schmelzen. 1/4 auf den warmen Stollen streichen und 1/4 Puderzucker daraufsieben. Vorgang wiederholen, bis beides verbraucht ist.

ZUBEREITUNGSZEIT ca. 1 3/4 Std.
SCHEIBE ca. 340 kcal
E 7 g · F 16 g · KH 39 g

ZUCKERKRUSTE: *Den fertigen Stollen mit flüssiger Butter einpinseln und dick mit Puderzucker bestäuben. Mehrmals wiederholen, dann bleibt der Stollen schön saftig*

Winterapfelstollen

ZUTATEN FÜR CA. 24 SCHEIBEN

- 100 g getrocknete Apfelringe
- 100 ml Amaretto ♥ 4 EL + 75 g Zucker
- 150 g Haselnusskerne
- 500 g Mehl ♥ 175 ml Milch
- 1 Würfel (42 g) Hefe
- 200 g + 125 g Butter
- 1 Päckchen Vanillezucker ♥ Salz
- 300 g Marzipanrohmasse
- abgeriebene Schale von ½ Bio-Zitrone
- Mehl zum Ausrollen ♥ 150 g Puderzucker
- Backpapier

1 Apfelringe klein schneiden. Amaretto aufkochen. Äpfel zufügen und auskühlen lassen. 2 EL Zucker in einer Pfanne goldgelb karamellisieren. Nüsse unterrühren. Auf Backpapier verteilen und auskühlen lassen.

2 Mehl in eine Schüssel füllen und in die Mitte eine Mulde drücken. Milch und 2 EL Zucker lauwarm erwärmen. Hefe hineinbröckeln und darin auflösen. Hefemilch in die Mulde gießen und mit etwas Mehl zum Vorteig verrühren. Zugedeckt an einem warmen Ort ca. 15 Minuten gehen lassen.

3 200 g Butter bei schwacher Hitze schmelzen, ca. 10 Minuten abkühlen lassen. Nusskaramell grob hacken. Äpfel abtropfen lassen. 75 g Zucker, Vanillezucker, ½ gestrichenen TL Salz und flüssige Butter zum Vorteig geben. Alles mit den Knethaken des Rührgerätes zum glatten Hefeteig verkneten. Nusskaramell und Äpfel unter den Teig kneten. Zugedeckt an einem warmen Ort ca. 1 Stunde gehen lassen.

4 Backblech (ca. 35 x 40 cm) mit Backpapier auslegen. Marzipan und Zitronenschale verkneten und zur Rolle (36–38 cm lang) formen. Hefeteig nochmals durchkneten und auf etwas Mehl zum Rechteck (ca. 22 x 40 cm) ausrollen. Marzipanrolle der Länge nach in die Mitte einer Teighälfte legen. Teig von dieser Seite aus bis zur Mitte aufrollen. Die gegenüberliegende Seite bis zur Mitte einschlagen, andrücken. Stollen diagonal aufs Blech legen. Zugedeckt ca. 30 Minuten gehen lassen.

5 Stollen im heißen Ofen (E-Herd: 200 °C/Umluft: 175 °C/Gas: s. Hersteller) ca. 10 Minuten backen. Backofen herunterschalten (E-Herd: 175 °C/Umluft: 150 °C/Gas: s. Hersteller) und Stollen ca. 35 Minuten weiterbacken.

6 125 g Butter schmelzen. Stollen aus dem Ofen nehmen, sofort mit ⅓ flüssiger Butter bestreichen und mit 50 g Puderzucker bestäuben. Vorgang noch 2 x wiederholen. Auskühlen lassen.

ZUBEREITUNGSZEIT ca. 2 Std. + Gehzeit ca. 1 ¾ Std. + Wartezeit
SCHEIBE ca. 340 kcal
E 5 g · F 18 g · KH 35 g

Lässt sich gut einfrieren

Dattel-Walnuss-Striezel

ZUTATEN FÜR CA. 25 SCHEIBEN
- 500 g + etwas Mehl
- ¼ l Milch
- 1 Päckchen Vanillezucker
- 1 Würfel (42 g) Hefe
- 50 g Zucker • Salz
- 50 g weiche Butter
- 2 Eier (Gr. M)
- 200 g getrocknete Datteln (ohne Stein)
- 150 g Walnusskerne
- 250 g Marzipanrohmasse
- 7 EL Rosenwasser (Apotheke)
- 1 TL + 150 g Puderzucker
- evtl. roter Zucker
- Backpapier

1 500 g Mehl in eine Rührschüssel füllen und in die Mitte eine Mulde drücken. Milch und Vanillezucker lauwarm erwärmen. Hefe hineinbröckeln und darin auflösen. In die Mulde gießen und mit etwas von dem Mehl zum Vorteig verrühren. Zugedeckt am warmen Ort ca. 15 Minuten gehen lassen.

2 Zucker, 1 Prise Salz, Butter und 1 Ei zum Vorteig geben und alles glatt verkneten. Zugedeckt an einem warmen Ort ca. 45 Minuten gehen lassen. Datteln und Nüsse fein hacken. 200 g Marzipan grob raspeln und mit 5 EL Rosenwasser und 1 Ei verkneten. Datteln und Nüsse darunterkneten.

3 Teig durchkneten und auf etwas Mehl rechteckig (30 x 45 cm) ausrollen. Marzipanmasse mittig daraufgeben, mit den Händen verteilen. Teig von der Längsseite her aufrollen und der Länge nach durchschneiden. Beide Stränge umeinander zur Kordel drehen. Diagonal auf ein mit Backpapier belegtes Blech legen. Ca. 15 Minuten gehen lassen. Im vorgeheizten Backofen (E-Herd: 200 °C/Umluft: 175 °C/Gas: s. Hersteller) ca. 40 Minuten backen. Nach ca. 25 Minuten abdecken. Striezel auskühlen lassen.

4 50 g Marzipan und 1 TL Puderzucker verkneten. Auf etwas Puderzucker ausrollen. Sterne ausstechen und mit rotem Zucker bestreuen. 150 g Puderzucker und 2 EL Rosenwasser verrühren. Den Striezel damit bestreichen. Mit Sternen verzieren.

ZUBEREITUNGSZEIT ca. 2 Std. + Gehzeit ca. 1 ¼ Std. + Wartezeit
SCHEIBE ca. 250 kcal
E 5 g · F 10 g · KH 34 g

Lässt sich gut einfrieren

Wickelkuchen mit Mohnfüllung

ZUTATEN FÜR CA. 24 SCHEIBEN

- 500 g + etwas Mehl
- 1 Päckchen Backpulver
- 125 g Zucker ♥ 1 Päckchen Vanillezucker
- Salz ♥ 250 g Magerquark
- 125 g weiche Butter
- 3 Eier + 1 Eigelb (Gr. M) ♥ 2 EL Rum
- 2 Beutel (à 250 g) „Mohn-Back" (backfertige Mohnfüllung)
- 1 TL Schlagsahne oder Milch
- 100 g Puderzucker ♥ 1 EL Zitronensaft
- Backpapier

1 500 g Mehl, Backpulver, Zucker, Vanillezucker und 1 Prise Salz in einer Rührschüssel mischen. Quark, Butter in Stückchen, 2 Eier und 1 EL Rum zufügen. Alles erst mit den Knethaken des Rührgerätes, dann kurz mit den Händen zum glatten Teig verkneten.

2 „Mohn-Back" und 1 Ei verrühren. Einen großen Bogen Backpapier leicht mit Mehl bestäuben. Teig darauf zu einem Rechteck (ca. 40 x 45 cm) ausrollen. Mohnmasse daraufstreichen, dabei am Rand etwas dünner bestreichen. Teig von beiden langen Seiten zur Mitte hin einrollen. Die beiden Enden gut zusammendrücken. Beide Stränge in regelmäßigen Abständen leicht einschneiden.

3 Wickelkuchen mitsamt Backpapier in einen großen flachen Bräter (ca. 39 cm lang) heben. Im vorgeheizten Ofen (E-Herd: 175 °C/Umluft: 150 °C/ Gas: s. Hersteller) ca. 30 Minuten backen. 1 Eigelb und Sahne verquirlen. Wickelkuchen damit bestreichen und ca. 20 Minuten weiterbacken.

4 Puderzucker, 1 EL Rum und Zitronensaft zu einem dicken Guss verrühren. Den heißen Wickelkuchen dick damit bestreichen, auskühlen lassen. Nach Belieben mit Butter servieren.

ZUBEREITUNGSZEIT ca. 1 ½ Std.
SCHEIBE ca. 250 kcal
E 6 g · F 9 g · KH 34 g

Lässt sich gut einfrieren

Früchtekranz mit Zuckerkruste

ZUTATEN FÜR CA. 20 STÜCKE

- Fett und Mehl für die Form
- 150 g getrocknete Datteln
- 150 g getrocknete Feigen
- 150 g gemischte Nusskerne (z. B. Para- und Walnusskerne)
- 1 Beutel (200 g) Frucht-Nuss-Mix (z. B. mit Ananas, Mango, Nüssen, Kokoschips)
- 6–7 EL Rum ♥ 125 g Butter
- 4 Eier (Gr. M) ♥ 200 g Zucker
- 4 Päckchen Vanillezucker ♥ Salz
- 200 g Mehl ♥ 25 g Speisestärke
- 1 gestrichener TL Backpulver
- 1 TL Zimt ♥ 100 g Puderzucker

1 Gugelhupfform (ca. 22 cm Ø; ca. 2 ½ l Inhalt) fetten und mit Mehl ausstäuben. Datteln, Feigen und Nüsse grob hacken. Mit 100 g Frucht-Nuss-Mix mischen. 4 EL Rum darüberträufeln und ca. 1 Stunde ziehen lassen.

2 Butter bei schwacher Hitze schmelzen. Eier, Zucker, Vanillezucker und 1 Prise Salz mind. 8 Minuten schaumig schlagen. Mehl, Stärke, Backpulver und Zimt daraufsieben, unterheben. Erst flüssige Butter, dann Frucht-Nuss-Mix mit Rum unterheben. Teig in die Form streichen.

3 Im vorgeheizten Backofen (E-Herd: 175 °C/Umluft: 150 °C/Gas: s. Hersteller) auf der untersten Schiene ca. 1 ¼ Stunden backen (evtl. nach ca. 45 Minuten abdecken). In der Form ca. 10 Minuten abkühlen lassen. Aus der Form stürzen und auskühlen lassen.

4 Puderzucker und 2–3 EL Rum verrühren. Kuchen dünn damit bestreichen. Mit Rest Frucht-Nuss-Mix bestreuen und trocknen lassen.

ZUBEREITUNGSZEIT ca. 2 Std. + Wartezeit ca. 2 Std.
STÜCK ca. 300 kcal
E 4 g · F 11 g · KH 42 g

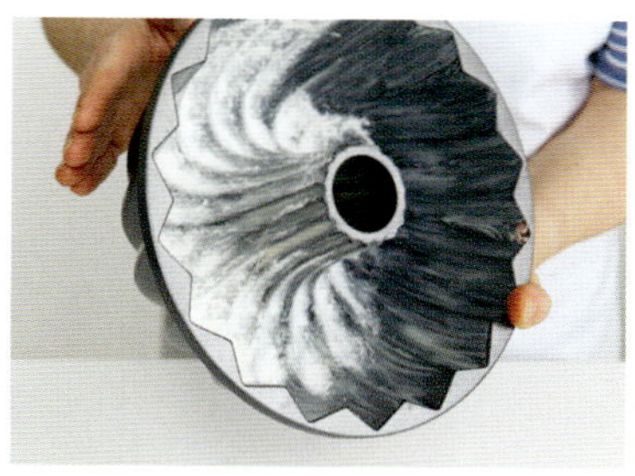

FORM *sorgfältig fetten und mit Mehl ausstäuben, dann löst sich der Kuchen später garantiert heraus*

Stollenbutterkuchen mit Marzipan

ZUTATEN FÜR CA. 24 STÜCKE

- ¼ l Milch • 1 Würfel (42 g) Hefe
- 500 g Mehl
- 100 g + 5 EL Zucker
- 1 Päckchen Vanillezucker • Salz
- 75 g + 100 g weiche Butter
- 2 Eier (Gr. M)
- 200 g Marzipanrohmasse • 150 g Rosinen
- 50 g Orangeat
- Fett und Mehl für die Fettpfanne
- 1 gestrichener TL Christstollengewürz
- 100 g Mandelblättchen
- 250 g Puderzucker

1 Milch lauwarm erwärmen, Hefe hineinbröckeln und darin auflösen. Mehl, 100 g Zucker, Vanillezucker und ½ TL Salz mischen. 75 g Butter in Stückchen, Eier und Hefemilch zugeben. Alles mit dem Rührgerät glatt verkneten. Zugedeckt am warmen Ort mind. 45 Minuten gehen lassen.

2 Marzipan grob raspeln. Rosinen waschen, abtropfen lassen und trocken tupfen. Orangeat fein hacken.

3 Eine Fettpfanne (ca. 32 x 39 cm; mind. 3,5 cm tief) fetten und mit Mehl bestäuben. Teig mit den Knethaken (nicht mit den Händen, der Teig ist sehr weich) nochmals durchkneten. Rosinen, Orangeat und Marzipan kurz unterkneten. Auf der Fettpfanne mit etwas Mehl bestäuben, ausrollen und mit den Händen in die Ecken drücken. Zugedeckt am warmen Ort ca. 45 Minuten gehen lassen.

4 Mit einem Kochlöffelstiel Mulden in den Teig drücken. 100 g Butter in Stückchen darin verteilen. 5 EL Zucker und Stollengewürz mischen. Mit den Mandelblättchen auf dem Kuchen verteilen. Im heißen Ofen (E-Herd: 200 °C/ Umluft: 175 °C/Gas: s. Hersteller) ca. 20 Minuten backen. Etwas abkühlen lassen. Puderzucker und ca. 4 EL Wasser verrühren. Den Butterkuchen damit überziehen.

ZUBEREITUNGSZEIT ca. 1 Std. + Gehzeit mind. 1 ½ Std. + Wartezeit
STÜCK ca. 300 kcal
E 5 g · F 12 g · KH 41 g

Lässt sich gut einfrieren

Weihnachtsgewürze

Sie geben Kuchen, Plätzchen, Heißgetränken oder auch feinen Speisen erst den richtigen Pfiff. Besonders in der Adventsbäckerei sind sie unverzichtbar, denn sie sorgen für das typische Aroma. Eine Übersicht der Klassiker

1 Sternanis Nicht mit Anis verwandt, hat er dennoch eine ähnliche, leicht lakritzartige Note. Sie wird bei Weihnachtsgebäck wie Printen sehr geschätzt und ist auch typisch für winterliche Gewürztees und Punsch.

2 Ingwer Die süßlich-scharfe Ingwerwurzel wird getrocknet und gemahlen für Lebkuchen und Printen verwendet. Eingelegt oder kandiert gibt sie Ingwerplätzchen ihr Aroma.

3 Muskatnuss Eigentlich keine Nuss, sondern der getrocknete Samenkern einer Frucht, hat sie einen warmen, leicht brennenden und etwas bitteren Geschmack. Muskat sollte man sparsam verwenden, z. B. für Grog und Lebkuchen. In der Weihnachtsbäckerei kommt meistens die Muskatblüte (s. Punkt 6) zum Einsatz.

4 Piment Er wird auch als Nelkenpfeffer bezeichnet und schmeckt nach einer Mischung aus Nelken, Muskat, Zimt und Pfeffer. Mit seinem kräftigen Aroma darf er bei würzigem Weihnachtsgebäck nicht fehlen.

5 Zimt Vor allem im Winter lieben wir sein süßliches und leicht holziges Aroma. Es gibt ihn als Stangen – köstlich im Glühwein – und gemahlen für Gebäck, z. B. Zimtsterne. Besonders mild im Geschmack ist Ceylonzimt.

6 Muskatblüte Sie wird auch Macis genannt und hat einen zartbitteren, leicht pfeffrigen Geschmack, der milder ist als der von Muskatnüssen. Muskatblüte ist ein klassisches Gewürz für Stollen und Pfefferkuchen.

7 Kardamom Der Duft von Kardamom erinnert an exotische Blüten, sein Geschmack ist süßlich-scharf und leicht bitter. Er wird gemahlen bei der Herstellung von Spekulatius und Gewürzkuchen eingesetzt. Gut schmeckt auch eine Prise Kardamom im Kaffee oder in heißer Schokolade.

8 Koriander Die Samen des Korianderkrauts haben ein warmes, nussiges Aroma und betonen den Geschmack anderer Gewürze. Sie sind ein typischer Bestandteil der Gewürzmischungen für Printen und Lebkuchen. Koriander sollte man frisch gemahlen verwenden.

9 Vanilleschote Die bekannteste Sorte ist die Bourbon-Vanille. Mit ihrem blumigen Aroma verfeinert sie fast jedes Gebäck. Die ausgekratzten Schoten kann man in ein Glas mit Zucker geben und ziehen lassen – das ergibt leckeren Vanillezucker.

10 Gewürznelken Ob Glühwein oder Punsch – ohne den feurig-scharfen Geschmack von Nelken wären sie nur halb so lecker. Das Gewürz sollte nur mitgekocht und dann entfernt werden. Gemahlen würzen sie Lebkuchen.

Schoko-Baiser-Knusperli

ZUTATEN FÜR CA. 80 STÜCK
- 300 g + etwas Mehl
- 125 g + 200 g Zucker
- Salz
- 20 g Kakao
- 1 Ei + 4 Eiweiß (Gr. M)
- 150 g kalte Butter
- ca. 125 g Walnusskerne
- Backpapier

1 300 g Mehl, 125 g Zucker, 1 Prise Salz, Kakao, 1 Ei und Butter in Stückchen erst mit dem Rührgerät und dann kurz mit den Händen glatt verkneten. Zugedeckt ca. 45 Minuten kalt stellen.

2 Walnusshälften der Länge nach halbieren. Teig auf etwas Mehl ca. 3 mm dick ausrollen. Kreise (ca. 4 cm Ø) ausstechen und auf mit Backpapier belegte Bleche legen.

3 4 Eiweiß und 1 Prise Salz im hohen Rührbecher steif schlagen. Unter weiterem Schlagen 200 g Zucker einrieseln lassen. Weiterschlagen, bis der Zucker gelöst ist. In einen Spritzbeutel (große Lochtülle) füllen. Als Tuffs auf die Kreise spritzen. Nüsse daraufsetzen. Im vorgeheizten Backofen (E-Herd: 175 °C/ Umluft: 150 °C/Gas: s. Hersteller) ca. 15 Minuten backen. Auskühlen lassen.

ZUBEREITUNGSZEIT ca. 1 ¼ Std. + Wartezeit ca. 45 Min.
STÜCK ca. 60 kcal
E 1 g · F 3 g · KH 7 g

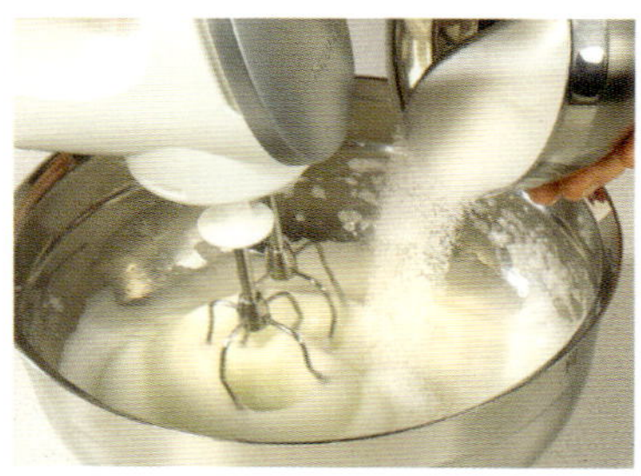

***EISCHNEE** gelingt am besten in einer fettfreien Schüssel. Eiklar mit etwas Salz oder Zitronensaft auf höchster Stufe steif schlagen. Zucker erst zum Schluss einrieseln lassen und weiterschlagen, bis er gelöst ist*

Niedliche Schneemänner

ZUTATEN FÜR 10 STÜCK

- 2 Eier (Gr. M) ♥ 250 g Mehl
- 150 g weiche Butter
- 70 g + 450 g + 1–2 EL Puderzucker
- 1 Päckchen Vanillezucker
- Salz ♥ Mehl für die Hände
- 10 Lakritzschnecken
- 10 Dominosteine
- 10 braune Kuchen (z. B. „Kemm'sche Kuchen") oder Butterkekse
- je 5 grüne und rote Fruchtgummischnüre
- braune und rote Zuckerschrift
- Frischhaltefolie ♥ Backpapier

1 Eier trennen, Eiweiß kalt stellen. Mehl, Butter in Stückchen, Eigelb, 70 g Puderzucker, Vanillezucker und 1 Prise Salz in eine Schüssel geben. Mit den Knethaken des Rührgerätes zum glatten Teig verkneten. In Folie wickeln und ca. 1 Stunde kalt stellen.

2 Mit bemehlten Händen aus dem Teig 30 kleine Kugeln formen. Auf ein mit Backpapier ausgelegtes Backblech legen und etwas flach drücken. Im heißen Backofen (E-Herd: 200 °C/Umluft: 175 °C/Gas: s. Hersteller) 10–15 Minuten backen. Auskühlen lassen.

3 Eiweiß mit 1–2 EL Wasser steif schlagen. Dabei 450 g Puderzucker einrieseln lassen. Plätzchen mit einer Gabel in den Guss tauchen, abtropfen und trocknen lassen.

4 Hüte: Etwas Zuckerguss auf die Mitte jeder Lakritzschnecke geben, je 1 Dominostein daraufsetzen. Etwas Zuckerguss auf die flache Seite von 10 Plätzchen geben. Je 1 weiteres Plätzchen mit der flachen Seite daraufsetzen und auf je 1 braunen Kuchen kleben.

5 Mit Guss je 1 Hut auf die runde Seite der übrigen Plätzchen kleben. Als Köpfe auf die Körper kleben, trocknen lassen. Fruchtgummi als Schal um den Hals binden. Mit Zuckerschrift Gesichter aufmalen. Schneemänner mit Puderzucker bestäuben.

ZUBEREITUNGSZEIT ca. 2 Std. + Wartezeit
STÜCK 600 kcal
E 6 g · F 17 g · KH 101 g

Rotwein-Schoko-Cookies

ZUTATEN FÜR CA. 40 STÜCK

- 100 g Zartbitterschokolade
- 100 g getrocknete Aprikosen
- 150 g weiche Butter
- 150 g Zucker
- 1 Päckchen Vanillezucker
- Salz ♥ 1 Ei (Gr. M)
- 250 g Mehl
- 3 EL Rotwein
- 75 g Zartbitterkuvertüre
- 10 g Kokosfett (z. B. Palmin)
- Backpapier

1 Drei Backbleche mit Backpapier auslegen. Schokolade hacken. Aprikosen fein würfeln. Butter, Zucker, Vanillezucker und 1 Prise Salz cremig rühren. Ei darunterrühren. Dann Mehl und Wein im Wechsel kurz unterrühren. Schokolade und Aprikosen unterheben.

2 Mithilfe von zwei Teelöffeln ca. 40 Teighäufchen mit genügend Abstand auf die Backbleche setzen, etwas flacher (5–6 cm Ø) drücken. Im vorgeheizten Ofen (E-Herd: 200 °C/Umluft: 175 °C/Gas: s. Hersteller) ca. 10 Minuten backen. Auskühlen lassen.

3 Kuvertüre und Kokosfett grob hacken und im heißen Wasserbad schmelzen. Mithilfe eines Löffels in Streifen über die Cookies ziehen und gut trocknen lassen.

ZUBEREITUNGSZEIT ca. 1 ½ Std. + Wartezeit ca. 1 Std.
STÜCK ca. 100 kcal
E 1 g · F 5 g · KH 12 g

OHNE ALKOHOL

*Statt Wein können Sie **3 EL Milch** und **1 Msp. Backpulver** verwenden. Die Kekse werden dann etwas heller.*

Krokantsterne

ZUTATEN FÜR 25–30 STÜCK

- 300 g + etwas Mehl
- 125 g Zucker
- 1 Päckchen Vanillezucker
- Salz
- 1 Ei + 1 Eigelb (Gr. M)
- 150 g kalte Butter
- 1 EL Milch
- 75 g Haselnusskrokant
- 75 g Orangenmarmelade
- Puderzucker zum Bestäuben
- Backpapier

1 300 g Mehl, Zucker, Vanillezucker, 1 Prise Salz, 1 Ei und Butter in Stückchen erst mit den Knethaken des Rührgerätes, dann kurz mit den Händen glatt verkneten. Zugedeckt ca. 45 Minuten kalt stellen.

2 Teig auf etwas Mehl ca. 3 mm dick ausrollen. Sterne (ca. 6 cm Ø) ausstechen. Auf mit Backpapier belegte Bleche legen. 1 Eigelb und Milch verquirlen. Sterne damit bestreichen, Hälfte Sterne mit Krokant bestreuen. Im vorgeheizten Ofen (E-Herd: 200 °C/ Umluft: 175 °C/Gas: s. Hersteller) ca. 10 Minuten backen. Auskühlen lassen.

3 Marmelade erwärmen. Sterne ohne Krokant in der Mitte mit Marmelade bestreichen. Krokantsterne versetzt darauflegen. Mit Puderzucker bestäuben.

ZUBEREITUNGSZEIT ca. 1 Std. + Wartezeit ca. 45 Min.
STÜCK ca. 120 kcal
E 2 g · F 5 g · KH 16 g

AUS DEM VORRAT

Mürbeteig lässt sich gut vorher ankneten und bis zu 3 Wochen einfrieren. Dazu zur Kugel formen, flacher drücken und in Gefrierdosen oder -beutel packen.

Zitronen-Spritzgebäck

ZUTATEN FÜR CA. 25 STÜCK

- 150 g weiche Butter
- 50 g + 125 g Puderzucker
- 1 Päckchen Vanillezucker
- abgeriebene Schale und 1–3 EL Saft von 2 Bio-Zitronen
- Salz
- 1 Ei (Gr. M)
- 200 g Mehl
- 25 g gehackte Pistazien
- Backpapier

1 Butter, 50 g Puderzucker, Vanillezucker, Hälfte Zitronenschale und 1 Prise Salz kurz cremig rühren. Ei unterrühren. Mehl portionsweise kurz unterrühren. Evtl. 1–2 EL kaltes Wasser unterrühren.

2 Teig in einen Spritzbeutel mit Sterntülle (11 mm Ø) füllen. Auf mit Backpapier belegte Backbleche ca. 25 Blumen spritzen (Stiele ca. 4 cm lang; Blüten ca. 3 cm Ø). Im vorgeheizten Backofen (E-Herd: 200 °C/Umluft: 175 °C/Gas: s. Hersteller) ca. 10 Minuten backen. Auskühlen lassen.

3 125 g Puderzucker und Zitronensaft verrühren. Kekse damit bestreichen, mit Pistazien und übriger Zitronenschale verzieren. Trocknen lassen.

ZUBEREITUNGSZEIT ca. 50 Min. + Wartezeit
STÜCK ca. 110 kcal
E 1 g · F 6 g · KH 13 g

***SPRITZBEUTEL** zum Einfüllen des Teiges am besten oben etwas umkrempeln. Stellen Sie den Beutel evtl. vorher in einen hohen Rührbecher – so hat er besseren Halt*

Hanseaten-Engel

ZUTATEN FÜR CA. 8 STÜCK

- 250 g Mehl
- 75 g Zucker
- 125 g kalte Butter
- Salz ♥ 1 Ei (Gr. M)
- Mehl zum Ausrollen
- 100 g rotes Gelee (z. B. Johannisbeer)
- 250 g Puderzucker
- 5–6 EL (50–60 ml) Zitronensaft
- rote Speisefarbe
- evtl. feiner Silberglitter zum Verzieren
- Backpapier ♥ 2 Einmalspritzbeutel oder kleine Gefrierbeutel

1 Für den Mürbeteig Mehl, Zucker, Butter in Stückchen, 1 Prise Salz und Ei erst mit den Knethaken des Rührgerätes und dann kurz mit den Händen zu einem glatten Teig verkneten. In Folie wickeln, ca. 45 Minuten kalt stellen.

2 Zwei Bleche mit Backpapier auslegen. Mürbeteig auf etwas Mehl 3–4 mm dick ausrollen. Mit einem Ausstecher ca. 16 Engel (à ca. 9 x 10 cm) ausstechen. Auf die Backbleche legen. Nacheinander im vorgeheizten Backofen (E-Herd: 175 °C/Umluft: 150 °C/Gas: s. Hersteller) ca. 12 Minuten backen. Auskühlen lassen.

3 Gelee in einem kleinen Topf unter Rühren ca. 2 Minuten köcheln. Ca. 8 Minuten abkühlen lassen, bis es dicklicher wird. Hälfte Engel dick damit bestreichen und je 1 der übrigen Engel darauflegen.

4 Puderzucker sieben und mit Zitronensaft zum dicken Guss verrühren. ⅓ Guss mit roter Speisefarbe rosa färben. Weißen und rosafarbenen Zuckerguss je in die Einmalspritzbeutel füllen, unten je eine kleine Ecke abschneiden. Mit dem weißen Guss einen Rand um jeden Engel spritzen. Flügel mit rosafarbenem Guss, übrigen Engel mit weißem Guss füllen. Mit Silberflitter verzieren. Guss trocknen lassen.

ZUBEREITUNGSZEIT ca. 1 ¼ Std. + Wartezeit ca. 1 Std.
STÜCK ca. 400 kcal
E 5 g · F 13 g · KH 64 g

Zimtschnecken

ZUTATEN FÜR CA. 35 STÜCK
- 50 g Butter
- 4 EL (60 g) Zucker
- 1 TL Zimt
- 1 Rolle (270 g) frischer Blätterteig (ca. 24 x 42 cm; Kühlregal)
- Mehl für die Arbeitsfläche
- Backpapier

1 Butter bei schwacher Hitze schmelzen. Zucker und Zimt mischen. Blätterteig samt Backpapier entrollen. Teig vorsichtig vom Backpapier ziehen und auf eine bemehlte Arbeitsfläche legen. Teig mit der flüssigen Butter bestreichen. Mit Zimtzucker bestreuen und dabei ca. 1 cm Rand frei lassen. Blätterteig von der kurzen Seite her eng aufrollen. Fest in Backpapier wickeln und ca. 1 Stunde ins Gefriergerät legen.

2 Zwei Backbleche mit Backpapier auslegen. Teigrolle in ca. 35 Scheiben (à ca. 5 mm dick) schneiden. Die Scheiben auf die Backbleche legen. Nacheinander im vorgeheizten Backofen (E-Herd: 175 °C/Umluft: 150 °C/ Gas: s. Hersteller) ca. 20 Minuten backen. Auskühlen lassen.

ZUBEREITUNGSZEIT ca. 1 Std. + Wartezeit ca. 1 Std.
STÜCK ca. 40 kcal
E 0 g · F 3 g · KH 4 g

***BLÄTTERTEIG** gibt es fix und fertig im Kühlregal. Einfach entrollen und sofort weiterverarbeiten*

Amarena-Mohn-Schnecken

ZUTATEN FÜR CA. 60 STÜCK

- 300 g + etwas Mehl
- 125 g Zucker
- 1 Päckchen Vanillezucker
- Salz
- 2 Eier + 1 Eigelb (Gr. M)
- 150 g kalte Butter
- 1 Glas (212 ml) Amarenakirschen
- 1 Beutel (250 g) „Mohn-Back" (backfertige Mohnfüllung)
- 175 g Hagelzucker
- Backpapier

1 300 g Mehl, Zucker, Vanillezucker, 1 Prise Salz, 1 Ei und Butter in Stückchen in eine Rührschüssel geben. Erst alles mit den Knethaken des Rührgerätes, dann kurz mit den Händen glatt verkneten. Den Teig zugedeckt ca. 45 Minuten kalt stellen.

2 Kirschen abtropfen lassen und fein hacken. „Mohn-Back" und 1 Ei verrühren. Hälfte Mürbeteig mit etwas Mehl bestäuben und auf einem Stück Backpapier zum Rechteck (ca. 18 x 30 cm) ausrollen. Mit der Hälfte Mohnmasse bestreichen, dabei auf beiden Längsseiten ca. 1,5 cm Rand frei lassen. Hälfte Kirschen auf die Mohnmasse streuen. Teig mithilfe des Backpapiers von der Längsseite her aufrollen. 2. Hälfte Teig ebenso ausrollen, bestreichen und aufrollen. Beide Rollen in Hagelzucker wenden, Hagelzucker dabei andrücken. Rollen ca. 1 Stunde kalt stellen.

3 Jede Rolle in ca. 30 Scheiben schneiden, auf zwei bis drei mit Backpapier ausgelegte Backbleche legen. 1 Eigelb und 1 EL Wasser verquirlen und die Scheiben damit bestreichen. Im vorgeheizten Ofen (E-Herd: 200 °C/Umluft: 175 °C/Gas: s. Hersteller) ca. 12 Minuten backen. Auskühlen lassen.

ZUBEREITUNGSZEIT ca. 1 ½ Std. +
Wartezeit ca. 1 ¾ Std.
STÜCK ca. 80 kcal
E 1 g · F 3 g · KH 12 g

Rudolph, das Rentier

ZUTATEN FÜR CA. 25 RENTIERE

- 325 g + etwas Mehl
- 200 g kalte Butter
- 50 g gemahlene Haselnüsse
- 125 g + 100 g + etwas Puderzucker
- 1 leicht gehäufter TL Kakao
- 1 Ei (Gr. M)
- 1–2 EL Zitronensaft
- evtl. rote Zuckerperlen
- braune und rote Zuckerschrift zum Verzieren
- Backpapier ♥ 1 kleiner Gefrierbeutel

1 325 g Mehl, Butter in Stückchen, Nüsse, 125 g Puderzucker, Kakao und Ei erst mit den Knethaken des Rührgerätes und dann kurz mit den Händen zu einem glatten Teig verkneten. Zugedeckt ca. 30 Minuten kalt stellen.

2 Zwei Backbleche mit Backpapier auslegen. Teig auf wenig Mehl ca. ½ cm dick ausrollen. Mit großen (ca. 7 cm) Rentier-Ausstechformen Kekse ausstechen und auf die Bleche legen (aus den Teigresten evtl. kleine Rentiere ausstechen). Im vorgeheizten Ofen (E-Herd: 175 °C/Umluft: 150 °C/Gas: s. Hersteller) ca. 12 Minuten backen. Auskühlen lassen.

3 100 g Puderzucker und Zitronensaft zu einem glatten Guss verrühren. In den Gefrierbeutel füllen, eine kleine Ecke abschneiden und damit Nase, Mund, Augen, Geweih, Schwanz und Hufe auf die Rentiere spritzen.

4 Als Nasenspitzen rote Perlen in den Guss kleben. Die Tuben mit Zuckerschrift durchkneten, bis sie weich sind. Mit brauner Schrift Augen, mit roter Schrift Halsbänder aufmalen. Trocknen lassen. Mit Puderzucker bestäuben.

ZUBEREITUNGSZEIT ca. 1 ½ Std. + Wartezeit
STÜCK ca. 160 kcal
E 2 g · F 8 g · KH 18 g

Lustige Nikolaustaler

ZUTATEN FÜR CA. 25 STÜCK
- 150 g + etwas Mehl
- 75 g Zucker ♥ Salz
- 75 g kalte Butter
- 1 Ei + 1 frisches Eiweiß (Gr. M)
- 1–2 EL Zitronensaft
- 250 g Puderzucker
- rote Speisefarbe
- Frischhaltefolie
- Backpapier
- 2 kleine Gefrierbeutel

1 150 g Mehl, Zucker, 1 Prise Salz, Butter in Stückchen und 1 Ei erst mit den Knethaken des Rührgerätes, dann kurz mit den Händen glatt verkneten. Auf wenig Mehl zur Rolle (ca. 4 cm Ø) formen und in Folie wickeln. Ca. 1 Stunde kalt stellen.

2 Rolle in ca. ½ cm dicke Scheiben schneiden, auf ein mit Backpapier ausgelegtes Backblech legen. Im vorgeheizten Backofen (E-Herd: 200 °C/ Umluft: 175 °C/Gas: s. Hersteller) ca. 10 Minuten backen. Auskühlen lassen.

3 1 Eiweiß, Zitronensaft und Puderzucker dickcremig schlagen. Die Hälfte Guss rot färben. Roten und weißen Guss je in die Gefrierbeutel füllen und eine kleine Ecke abschneiden. Kekse damit verzieren. Trocknen lassen.

ZUBEREITUNGSZEIT ca. 1 Std. + Wartezeit ca. 2 Std.
STÜCK ca. 100 kcal
E 1 g · F 3 g · KH 17 g

1 Ingwertaler

ZUTATEN FÜR CA. 30 STÜCK
- 125 g kandierter Ingwer
- 1 Ei (Gr. M)
- 50 g Mehl
- 75 g Speisestärke
- 40 g Zucker ♥ Salz
- 1 Päckchen Vanillezucker
- 40 g kalte Butter
- Backpapier

1 Ingwer fein hacken. Ei trennen. Mehl, Stärke, Zucker, 1 Prise Salz und Vanillezucker mischen. Butter in Stückchen, Eigelb und 2 EL kaltes Wasser zur Mehlmischung geben. Alles erst mit den Knethaken des Rührgerätes und dann kurz mit den Händen glatt verkneten.

2 Teig zur Rolle (ca. 28 cm lang) formen. Eiweiß verquirlen und die Rolle dünn damit bestreichen. Im Ingwer wenden, dabei den Ingwer gut andrücken. Ca. 10 Minuten ins Gefriergerät stellen.

3 Ein Backblech mit Backpapier auslegen. Die Teigrolle in ca. 30 Scheiben (knapp 1 cm dick) schneiden und aufs Blech legen. Im vorgeheizten Backofen (E-Herd: 175 °C/Umluft: 150 °C/Gas: s. Hersteller) ca. 18 Minuten backen. Auskühlen lassen.

ZUBEREITUNGSZEIT ca. 50 Min. + Wartezeit
STÜCK ca. 40 kcal
E 0 g · F 1 g · KH 8 g

2 Nougatbusserln

ZUTATEN FÜR CA. 35 STÜCK
- 100 g weiche Butter
- 50 g Puderzucker
- 1 Päckchen Vanillezucker
- Salz ♥ 1 Ei (Gr. M)
- 150 g Mehl
- 1 EL (10 g) Kakao
- 100 g Nussnougat (schnittfest)
- ca. 20 g weiße Schokolade
- Backpapier

1 Ein Backblech mit Backpapier auslegen. Butter, Puderzucker, Vanillezucker und 1 Prise Salz mit den Schneebesen des Rührgerätes cremig rühren. Ei unterrühren. Mehl und Kakao mischen und kurz unterrühren. Falls der Teig zu fest ist, evtl. 1–2 TL kaltes Wasser kurz unterrühren.

2 Teig in einen Spritzbeutel mit großer Sterntülle (ca. 15 mm Ø) füllen und ca. 35 Tuffs (ca. 2,5 cm Ø) aufs Backblech spritzen. Im vorgeheizten Backofen (E-Herd: 200 °C/Umluft: 175 °C/Gas: s. Hersteller) ca. 12 Minuten backen. Auskühlen lassen.

3 Nougat würfeln und im heißen Wasserbad schmelzen. Schokolade fein hacken. Kekse mit der Spitze bis zur Hälfte in Nougat tauchen. Mit der gehackten Schokolade bestreuen und trocknen lassen.

ZUBEREITUNGSZEIT ca. 45 Min. + Wartezeit
STÜCK ca. 60 kcal
E 1 g · F 3 g · KH 6 g

3 Streuselkekse

ZUTATEN FÜR CA. 80 STÜCK
- Fett und Mehl fürs Blech
- 100 g Pecannusskerne
- 100 g getrocknete Feigen
- 100 g getrocknete entsteinte Datteln
- 350 g Mehl
- 150 g Zucker
- 1 Päckchen Vanillezucker
- Salz ♥ 250 g Butter
- Puderzucker zum Bestäuben

1 Ein Backblech (ca. 35 x 40 cm) fetten und mit Mehl bestäuben. Nüsse grob hacken. Feigen und Datteln fein würfeln. Mehl, Zucker, Vanillezucker und 1 Prise Salz mischen. Butter bei schwacher Hitze schmelzen, zur Mehlmischung gießen und mit den Knethaken des Rührgerätes zu Streuseln verkneten. Nüsse und Früchte kurz unter die Streusel kneten.

2 Den Streuselteig auf das Blech streuen und andrücken. Im vorgeheizten Backofen (E-Herd: 200 °C/Umluft: 175 °C/Gas: s. Hersteller) auf der mittleren Schiene ca. 20 Minuten backen. Aus dem Ofen nehmen und sofort mit einem großen scharfen Messer in Quadrate (ca. 4 x 4 cm) schneiden. Auf dem Blech auskühlen lassen. Mit Puderzucker bestäuben.

ZUBEREITUNGSZEIT ca. 45 Min.
STÜCK ca. 70 kcal
E 1 g · F 4 g · KH 7 g

4 Krokant-Engelsaugen

ZUTATEN FÜR CA. 20 STÜCK
- 125 g Mehl ♥ 30 g Puderzucker
- 50 g Krokant ♥ Salz
- 2 Eigelb (Gr. M)
- 75 g kalte Butter
- ca. 60 g rotes Gelee (z. B. Himbeer)
- Backpapier
- 1 Einmalspritzbeutel oder 1 kleiner Gefrierbeutel

1 Mehl, Puderzucker, Krokant und 1 Prise Salz mischen. Eigelb und Butter in Stückchen zufügen. Alles erst mit den Knethaken des Rührgerätes, dann kurz mit den Händen glatt verkneten. Zur Rolle (ca. 20 cm lang) formen und ca. 10 Minuten ins Gefriergerät stellen.

2 Backblech mit Backpapier auslegen. Teig in ca. 20 Scheiben schneiden. Zu Kugeln formen und aufs Blech legen. In die Mitte jeder Kugel mit einem Finger eine Mulde drücken. Im vorgeheizten Ofen (E-Herd: 200 °C/Umluft: 175 °C/Gas: s. Hersteller) ca. 10 Minuten backen. Auskühlen lassen.

3 Gelee leicht erwärmen und in den Spritzbeutel füllen, unten eine kleine Ecke abschneiden. Gelee in die Mulden füllen. Trocknen lassen.

ZUBEREITUNGSZEIT ca. 40 Min. + Wartezeit
STÜCK ca. 80 kcal
E 1 g · F 4 g · KH 10 g

1
2
3
4

Lebkuchen-Mangotorte

ZUTATEN FÜR CA. 16 STÜCKE

- Fett und Mehl für die Form
- 250 g weiche Butter • 100 g + 6 EL Zucker
- 2 TL Lebkuchengewürz • Salz
- 4 Eier (Gr. M)
- 300 g Mehl • 2 gehäufte TL Backpulver
- 3–5 EL + ½ l Milch
- 75 g gehackte Haselnüsse
- 5 Blatt weiße Gelatine
- 1 Päckchen Vanillepuddingpulver
- 1 Dose (425 ml) Mango
- 100 g + 100 g Schlagsahne
- 100 g Zartbitterschokolade
- 25 g Kokosfett (z. B. Palmin)

1 Springform (26 cm Ø) fetten, mit Mehl ausstäuben. Butter, 100 g Zucker, Gewürz und 1 Prise Salz ca. 5 Minuten cremig rühren. Eier nacheinander unterrühren. Mehl und Backpulver mischen, mit 3–5 EL Milch kurz unterrühren. Nüsse unterheben. Teig in die Form streichen. Im heißen Ofen (E-Herd: 175 °C/ Umluft: 150 °C/Gas: s. Hersteller) ca. 25 Minuten backen. Auskühlen lassen.

2 Gelatine in kaltem Wasser einweichen. 6 EL Zucker, Puddingpulver und ca. 100 ml Milch verrühren. Rest Milch aufkochen. Puddingpulver einrühren und unter Rühren ca. 1 Minute köcheln. Vom Herd nehmen, ca. 10 Minuten abkühlen lassen. Gelatine ausdrücken und im heißen Pudding unter Rühren auflösen. Ca. 1 Stunde auskühlen lassen, ab und zu umrühren.

3 Mango gut abtropfen lassen und würfeln. Tortenboden waagerecht halbieren. Um den unteren Boden einen Tortenring schließen. 100 g Sahne steif schlagen. Erst Sahne, dann Mango unter den Pudding heben. Auf unteren Boden streichen. 2. Boden darauflegen. Torte ca. 2 Stunden kalt stellen.

4 100 g Sahne erwärmen. Schokolade in Stücke teilen, Kokosfett würfeln. Beides unter Rühren in der Sahne schmelzen. Ca. 10 Minuten abkühlen lassen, bis die Masse etwas dicklich ist. Auf der Torte verteilen und ca. 2 Stunden kalt stellen.

ZUBEREITUNGSZEIT ca. 1 ¾ Std. + Wartezeit ca. 6 Std.
STÜCK ca. 410 kcal
E 7 g · F 26 g · KH 33 g

Zimt-Mascarponetorte

ZUTATEN FÜR CA. 16 STÜCKE

- 3 Eier (Gr. M) ♥ Salz
- 100 g + 2 EL Zucker
- 3 Päckchen Vanillezucker
- 100 g Mehl
- 1 gehäufter TL Backpulver
- 100 g gemahlene Mandeln
- 50 g gehackte Mandeln
- 6 Blatt weiße Gelatine
- 250 g + 250 g Schlagsahne
- 250 g Mascarpone
- 500 g Sahnequark
- 75 g flüssiger Honig
- 2–3 TL gemahlener Zimt
- Backpapier

1 Springform (26 cm Ø) am Boden mit Backpapier auslegen. Eier trennen. Eiweiß, 3 EL Wasser und 1 Prise Salz steif schlagen und dabei 100 g Zucker und 1 Päckchen Vanillezucker einrieseln lassen. Eigelb einzeln darunterschlagen. Mehl und Backpulver daraufsieben und mit den gemahlenen und den gehackten Mandeln unterheben. Teig in die Form streichen. Im vorgeheizten Backofen (E-Herd: 175 °C/ Umluft: 150 °C/Gas: s. Hersteller) ca. 25 Minuten backen. Mandelbiskuit auskühlen lassen.

2 Biskuit waagerecht halbieren. Einen Tortenring um den unteren Tortenboden schließen. Gelatine in kaltem Wasser einweichen. 250 g Sahne steif schlagen. Mascarpone, Quark, Honig, 2 EL Zucker, 1 Päckchen Vanillezucker und 1 TL Zimt kurz verrühren. Gelatine ausdrücken und bei schwacher Hitze auflösen. 3 EL Mascarponecreme einrühren, dann unter die übrige Creme rühren. Sahne unterheben. Auf den Tortenboden streichen. 2. Boden darauflegen. Über Nacht kalt stellen.

3 250 g Sahne und 1 Päckchen Vanillezucker steif schlagen. Torte damit einstreichen. Aus Karton Sterne als Schablonen ausschneiden. Kurz vorm Servieren auf die Torte legen. Tortenrand und -oberfläche mit 1–2 TL Zimt bestäuben. Schablonen entfernen.

ZUBEREITUNGSZEIT ca. 1 3/4 Std. + Wartezeit mind. 12 Std.
STÜCK ca. 360 kcal
E 9 g · F 26 g · KH 21 g

Lässt sich gut einfrieren

Spekulatius-Kirschtorte

ZUTATEN FÜR CA. 16 STÜCKE

- Fett für die Form
- 175 g Gewürzspekulatius
- 4 Eier (Gr. M)
- 250 g weiche Butter
- 250 g + 50 g Zucker ♥ Salz
- 250 g Mehl
- 1 Glas (720 ml) Kirschen
- 35 g Speisestärke
- 400 g Schlagsahne
- 2 Päckchen Vanillezucker
- Puderzucker zum Bestäuben

1 Eine Springform (26 cm Ø) fetten. Spekulatius zerbröseln. Eier trennen. Butter, 250 g Zucker und 1 Prise Salz cremig rühren. Eigelb nacheinander unterrühren. Mehl (kein Backpulver!) kurz unterrühren. Eiweiß steif schlagen. ¾ Eischnee unter den Teig rühren und den Rest unterheben.

2 ⅓ Teig in die Form streichen und ⅓ Spekulatiusbrösel daraufstreuen. Im vorgeheizten Ofen (E-Herd: 200 °C/ Umluft: 175 °C/Gas: s. Hersteller) ca. 12 Minuten backen. Auskühlen lassen. Auf die gleiche Weise 2 weitere Böden backen. 1 Boden noch warm in ca. 16 Tortenstücke (Fächer) schneiden.

3 Kirschen abtropfen lassen und den Saft dabei auffangen. 6 EL Saft, Stärke und 50 g Zucker verrühren. Rest Saft aufkochen. Stärke einrühren und ca. 1 Minute köcheln. Kirschen unterheben und, bis auf ca. 4 EL, auf den 1. Boden streichen. 2. Boden darauflegen. Auskühlen lassen.

4 Sahne steif schlagen, dabei Vanillezucker einrieseln lassen. Auf 2. Boden streichen. Auf der Sahne ca. 16 Stücke markieren. Rest Kirschen in Häufchen auf jedes Stück setzen. Fächer daranlehnen. Mit Puderzucker bestäuben.

ZUBEREITUNGSZEIT ca. 1 ½ Std. +
Wartezeit ca. 1 ½ Std.
STÜCK ca. 460 kcal
E 5 g · F 25 g · KH 50 g

Lässt sich gut einfrieren

Kirsch-Marzipan-Torte

ZUTATEN FÜR CA. 16 STÜCKE

- 3 Eier (Gr. M) ♥ Salz
- 100 g + 2 EL Zucker
- 80 g Mehl
- 30 g + 35 g Speisestärke
- 1 leicht gehäufter TL Backpulver
- 100 g gemahlene Haselnüsse
- 1 Glas (720 ml) Kirschen
- 500 g Schlagsahne
- 2 Päckchen Sahnesteif
- 200 g Marzipanrohmasse
- 70 g Puderzucker
- 2 EL Haselnussblättchen
- Kakao oder Zimt zum Bestäuben
- Backpapier
- Frischhaltefolie

1 Springform (26 cm Ø) am Boden mit Backpapier auslegen. Eier trennen. Eiweiß, 2 EL kaltes Wasser und 1 Prise Salz steif schlagen, dabei 100 g Zucker einrieseln lassen. Eigelb einzeln darunterschlagen. Mehl, 30 g Stärke und Backpulver daraufsieben, unterheben. In die Form streichen. Im vorgeheizten Backofen (E-Herd: 175 °C/ Umluft: 150 °C/Gas: s. Hersteller) ca. 25 Minuten backen. Auskühlen lassen.

2 Gemahlene Nüsse ohne Fett rösten, auskühlen lassen. Kirschen abtropfen lassen, Saft dabei auffangen. 35 g Stärke und 6 EL Saft verrühren. Rest Saft aufkochen. Stärke einrühren, 1 Minute köcheln. Kirschen, bis auf ca. 16 zum Verzieren, unterheben. Ca. 10 Minuten abkühlen lassen.

3 Biskuit waagerecht halbieren. Tortenring um 1. Boden schließen. Kirschen daraufstreichen, am Rand 2 cm frei lassen. Auskühlen lassen.

4 Sahne steif schlagen, dabei 2 EL Zucker und Sahnesteif einrieseln lassen. Geröstete Nüsse unterheben. ⅔ Sahne auf die Kirschen streichen. 2. Boden darauflegen. Mit Rest Sahne bestreichen, am Rand 2 cm frei lassen. Ca. 2 Stunden kalt stellen.

5 Marzipan grob raspeln, mit Puderzucker verkneten. Zur Rolle formen und zwischen zwei Lagen Folie zum Streifen (ca. 8 x 75 cm) ausrollen. Obere Folie abziehen, Streifen von der schmalen Seite her aufrollen. Um den Tortenrand entrollen. Folie abziehen, Marzipan andrücken. Überstehendes Marzipan über den Rand biegen und dabei leicht kräuseln. Ca. 1 Stunde kalt stellen. Mit Rest Kirschen, Nussblättchen und Kakao verzieren.

ZUBEREITUNGSZEIT ca. 1 ¾ Std. + Wartezeit ca. 4 Std.
STÜCK ca. 350 kcal
E 5 g · F 22 g · KH 31 g

Orangen-Joghurt-Torte

ZUTATEN FÜR CA. 16 STÜCKE

- Fett für die Form
- 4 EL Mandelblättchen
- 125 g weiche Butter
- 150 g + 100 g Zucker ♥ Salz
- 2 Eier (Gr. M)
- 150 g Mehl ♥ 1 TL Backpulver
- 100 ml Milch
- 8 kleine Orangen
- 10 Blatt weiße Gelatine
- 500 g Vollmilchjoghurt
- Saft von ½ Zitrone
- 500 g Schlagsahne
- 4 EL Aprikosenkonfitüre

1 Springform (26 cm Ø) fetten und mit 1 EL Mandeln ausstreuen. Butter, 150 g Zucker und 1 Prise Salz cremig rühren. Eier nacheinander unterrühren. Mehl und Backpulver mischen, abwechselnd mit der Milch unterrühren.

2 Teig in die Form streichen und mit 1 EL Mandeln bestreuen. Im vorgeheizten Backofen (E-Herd: 175 °C/Umluft: 150 °C/Gas: s. Hersteller) ca. 25 Minuten backen. Auskühlen lassen.

3 4 Orangen so schälen, dass die weiße Haut vollständig entfernt wird. Filets mit einem scharfen Messer zwischen den Trennhäuten herausschneiden und den Saft dabei auffangen. Gelatine in kaltem Wasser einweichen.

4 Joghurt, 100 g Zucker, Orangen- und Zitronensaft verrühren. Gelatine ausdrücken, vorsichtig auflösen. Etwas Joghurt in die Gelatine rühren, dann alles unter den übrigen Joghurt rühren. Sahne steif schlagen und unterheben.

5 Boden aus der Form lösen und einen Tortenring darumschließen. Hälfte Joghurtcreme darin verstreichen. Orangenfilets darauf verteilen und Rest Creme daraufstreichen. Mind. 4 Stunden kalt stellen.

6 2 EL Mandeln rösten und auskühlen lassen. 4 Orangen so schälen, dass die weiße Haut vollständig entfernt wird. Orangen in Scheiben schneiden. Konfitüre erwärmen und durch ein Sieb streichen. Tortenrand dünn mit Konfitüre einstreichen. Orangenscheiben daran andrücken. Die übrigen Orangenscheiben auf die Torte legen und mit Konfitüre bestreichen. Mit Mandelblättchen verzieren.

ZUBEREITUNGSZEIT ca. 1 ½ Std. + Wartezeit mind. 4 Std.
STÜCK ca. 340 kcal
E 6 g · F 21 g · KH 31 g

Schneegestöber-Kuppeltorte

ZUTATEN FÜR CA. 16 STÜCKE

- 4 Eier (Gr. M) ♥ Salz
- 100 g + 100 g Zucker
- 100 g Mehl ♥ 50 g Speisestärke
- 2 gestrichene TL Backpulver
- je 100 g Orangeat und Zitronat
- 125 g getrocknete Datteln
- 100 g getrocknete Softaprikosen
- 100 g Zimtsterne ♥ 12 Blatt weiße Gelatine
- 1 kg Vollmilchjoghurt
- 2 Päckchen Vanillezucker
- 400 g + 200 g Schlagsahne
- 75 g kleine Baisertupfen oder Baiserschalen
- Zimt zum Bestäuben
- Backpapier ♥ Frischhaltefolie

1 Eine Springform (26 cm Ø) am Boden mit Backpapier auslegen. Eier trennen. Eiweiß und 1 Prise Salz steif schlagen und dabei 100 g Zucker einrieseln lassen. Eigelb einzeln darunterschlagen. Mehl, Stärke und Backpulver daraufsieben und unterheben. Teig in die Springform streichen. Im vorgeheizten Backofen (E-Herd: 200 °C/Umluft: 175 °C/Gas: s. Hersteller) ca. 20 Minuten backen. Auskühlen lassen.

2 Boden 2 x waagerecht durchschneiden. 1. Boden in 8 Tortenstücke schneiden, 2. Boden in ca. 5 cm breite Streifen schneiden. Eine bauchige Schüssel (ca. 26 cm Ø; 3,5 l Inhalt) mit Frischhaltefolie auslegen. Schüssel mit den Biskuitdreiecken auslegen. Oberen Rand mit den Biskuitstreifen auslegen.

3 Orangeat und Zitronat fein hacken. Datteln und Aprikosen fein würfeln. 1 Zimtstern beiseitelegen, Rest grob hacken. Gelatine in kaltem Wasser einweichen. Joghurt, 100 g Zucker und Vanillezucker verrühren. Gelatine ausdrücken, bei schwacher Hitze auflösen. 3 EL Joghurt einrühren, dann unter übrigen Joghurt rühren. Ca. 10 Minuten kalt stellen, bis er zu gelieren beginnt.

4 400 g Sahne steif schlagen. Erst Sahne und dann die gehackten Früchte und Zimtsterne vorsichtig unter den Joghurt heben. Joghurtcreme in die Schüssel füllen und glatt streichen. Den letzten Biskuitboden darauflegen und andrücken. Torte mind. 4 Stunden, am besten über Nacht, kalt stellen.

5 Baiser zerbröckeln. 200 g Sahne steif schlagen. Torte stürzen und die Folie abziehen. Torte mit Sahne einstreichen und mit Baiserbröseln bestreuen. Leicht andrücken. Mit 1 Zimtstern verzieren und kurz vorm Servieren mit wenig Zimt bestäuben.

ZUBEREITUNGSZEIT ca. 2 Std. + Wartezeit mind. 5 Std.
STÜCK ca. 390 kcal
E 8 g · F 17 g · KH 48 g

Lässt sich gut einfrieren

Lebkuchencreme-Schnitten

ZUTATEN FÜR CA. 12 STÜCKE
- 60 g Butter • 4 Eier (Gr. M)
- Salz • 125 g + 50 g Zucker
- 2 Päckchen Vanillezucker
- 100 g Mehl
- 75 g Speisestärke
- 1 gehäufter TL Backpulver
- ca. 150 g Amarettini
- 250 g Schlagsahne
- 1 Päckchen Sahnesteif
- 400 g Schmand
- 3 gestrichene TL Lebkuchengewürz
- Puderzucker zum Bestäuben
- Backpapier

1 Backblech (ca. 35 x 40 cm) mit Backpapier auslegen. Butter bei schwacher Hitze schmelzen. Eier trennen. Eiweiß und 1 Prise Salz steif schlagen, dabei 125 g Zucker und 1 Päckchen Vanillezucker einrieseln lassen. Eigelb einzeln darunterschlagen. Mehl, Stärke und Backpulver daraufsieben, unterheben. Flüssige Butter unterheben.

2 Teig aufs Blech streichen. Auf eine Hälfte in Reihen mit etwas Abstand Amarettini legen. Im vorgeheizten Backofen (E-Herd: 200 °C/Umluft: 175 °C/Gas: s. Hersteller) ca. 12 Minuten backen.

3 Biskuit mit dem Backpapier vom Backblech ziehen. Platte so halbieren, dass man 1 einfache und 1 Amarettini-Biskuitplatte bekommt. Backpapier abziehen. Biskuit auskühlen lassen.

4 Sahne steif schlagen, dabei Sahnesteif einrieseln lassen. Schmand, 50 g Zucker, 1 Päckchen Vanillezucker und Gewürz 2–3 Minuten dickcremig schlagen. Sahne darunterheben. Auf die einfache Biskuitplatte streichen. Amarettini-Biskuitplatte darauflegen. Ca. 2 Stunden kalt stellen. Mit Puderzucker bestäuben.

ZUBEREITUNGSZEIT ca. 1 Std. + Wartezeit mind. 5 Std.
STÜCK ca. 400 kcal
E 6 g · F 22 g · KH 41 g

Prosecco-Pfirsichtorte

ZUTATEN FÜR CA. 16 STÜCKE

- 3 Eier (Gr. M) ♥ Salz ♥ 75 g + 100 g Zucker
- 2 Päckchen Vanillezucker
- 75 g Mehl ♥ 25 g Speisestärke
- 1 gehäufter TL Backpulver ♥ 50 g Amarettini
- 12 Blatt weiße Gelatine
- 1 Dose (425 ml) Pfirsiche ♥ 2 EL Zitronensaft
- 500 g Mascarpone ♥ 200 ml Prosecco
- 250 g + 350 g Schlagsahne
- 150 g Mandelblättchen
- Zuckerperlen, Karambole und Puderzucker zum Verzieren ♥ Backpapier

1 Springform (26 cm Ø) am Boden mit Backpapier auslegen. Eier trennen. Eiweiß, 3 EL kaltes Wasser und 1 Prise Salz steif schlagen, dabei 75 g Zucker und 1 Päckchen Vanillezucker einrieseln lassen. Eigelb darunterschlagen. Mehl, Stärke, Backpulver und Amarettini unterheben. In die Form streichen. Im heißen Backofen (E-Herd: 175 °C/ Umluft: 150 °C/Gas: s. Hersteller) ca. 25 Minuten backen. Auskühlen lassen.

2 Biskuit waagerecht halbieren. Tortenring um unteren Boden schließen. 5 und 7 Blatt Gelatine getrennt kalt einweichen. Pfirsiche abtropfen lassen, Saft dabei auffangen. Pfirsiche mit 100 ml Pfirsichsaft pürieren. 5 Blatt Gelatine ausdrücken, bei schwacher Hitze auflösen. Zitronensaft einrühren, dann unters Püree rühren. Ca. 25 Minuten kalt stellen, bis es zu gelieren beginnt.

3 Mascarpone, Prosecco und 100 g Zucker kurz verrühren. 7 Blatt Gelatine ausdrücken, bei schwacher Hitze auflösen. 3 EL Creme in die Gelatine rühren, dann unter Rest Creme rühren. Ca. 8 Minuten kalt stellen, bis sie zu gelieren beginnt. 250 g Sahne steif schlagen, unterheben. Nacheinander Hälfte Creme, Püree und Rest Creme auf den Boden streichen. Mit einer Gabel spiralförmig durchziehen. 2. Boden darauflegen. Über Nacht kalt stellen.

4 Mandeln rösten und auskühlen lassen. 350 g Sahne und 1 Vanillezucker steif schlagen. Torte mit ⅔ Sahne einstreichen, mit Mandeln bestreuen. Mit Rest Sahne einen Tannenbaum auf die Torte spritzen und verzieren.

ZUBEREITUNGSZEIT ca. 2 Std. + Wartezeit ca. 12 Std.
STÜCK ca. 440 kcal
E 7 g · F 32 g · KH 26 g

Lässt sich gut einfrieren

Champagnertorte

ZUTATEN FÜR CA. 16 STÜCKE

- 6 frische Eier (Gr. M)
- Salz • 75 g + 100 g + 2 EL Zucker
- 1–2 gestrichene TL Lebkuchengewürz
- 50 g Mehl • 50 g Speisestärke
- 1 leicht gehäufter TL Backpulver
- 50 g gemahlene Mandeln (ohne Haut)
- 1 Dose (850 ml) Aprikosen
- 8 Blatt weiße Gelatine
- 3 Päckchen Vanillezucker
- 200 ml Champagner oder Sekt
- 5 EL Zitronensaft
- 200 g + 600 g Schlagsahne
- 100 g Mandelblättchen
- Puderzucker zum Bestäuben
- Backpapier

1 Springform (26 cm Ø) am Boden mit Backpapier auslegen. 3 Eier trennen. Eiweiß, 2 EL kaltes Wasser und 1 Prise Salz steif schlagen und dabei 75 g Zucker und Gewürz einrieseln lassen. 3 Eigelb einzeln darunterschlagen. Mehl, Stärke und Backpulver daraufsieben, mit gemahlenen Mandeln unterheben. In die Form streichen. Im vorgeheizten Ofen (E-Herd: 175 °C/ Umluft: 150 °C/Gas: s. Hersteller) ca. 25 Minuten backen. Auskühlen lassen.

2 Aprikosen abtropfen lassen. Gelatine kalt einweichen. Biskuit 1 x waagerecht durchschneiden, sodass der untere Boden dicker als der obere ist. Tortenring um den unteren Boden schließen.

3 3 Eier trennen. Eigelb, 100 g Zucker und 1 Päckchen Vanillezucker cremig schlagen. Champagner darunterschlagen. Gelatine ausdrücken, bei schwacher Hitze auflösen. Zitronensaft löffelweise einrühren, dann unter die Eiercreme rühren. Ca. 20 Minuten kalt stellen, bis sie zu gelieren beginnt. 3 Eiweiß und 1 Prise Salz steif schlagen, dabei 2 EL Zucker einrieseln lassen. 200 g Sahne steif schlagen. Erst Sahne, dann Eischnee unter die Creme heben. ¼ Creme auf den unteren Boden streichen. Mit Aprikosen belegen. Rest Creme daraufstreichen. 2. Boden darauflegen. Über Nacht kalt stellen.

4 Mandelblättchen ohne Fett rösten, auskühlen lassen. 600 g Sahne und 2 Päckchen Vanillezucker steif schlagen. Torte mit gut ⅓ Sahne einstreichen. Rest in einen Spritzbeutel mit Lochtülle füllen. Torte dicht an dicht mit Sahnetuffs, am Rand und oben mit Mandelblättchen und Puderzucker verzieren.

ZUBEREITUNGSZEIT ca. 1 ¾ Std. + Wartezeit ca. 12 Std.
STÜCK ca. 360 kcal
E 7 g · F 23 g · KH 27 g

Lässt sich gut einfrieren

Schoko-Sahne-Rolle mit Pflaumenmus

ZUTATEN FÜR CA. 18 SCHEIBEN
- 4 Eier (Gr. M) ♥ Salz
- 100 g + 4 EL Zucker
- 1 Päckchen Vanillezucker ♥ 75 g Mehl
- 1 leicht gehäufter TL Backpulver
- 100 g gemahlene Mandeln (ohne Haut)
- 1 Glas (450 g) Pflaumenmus
- 1 gestrichener TL Lebkuchengewürz
- 400 g Schlagsahne ♥ 2 Päckchen Sahnesteif
- 300 g Marzipanrohmasse
- 100 g + etwas Puderzucker
- 200 g Zartbitterkuvertüre
- 25 g Kokosfett (z. B. Palmin)
- evtl. Schokoröllchen und Kakao
- Backpapier

1 Backblech (ca. 35 x 40 cm) mit Backpapier auslegen. Eier trennen. Eiweiß, 4 EL kaltes Wasser und 1 Prise Salz steif schlagen, dabei 100 g Zucker und Vanillezucker einrieseln lassen. Eigelb einzeln darunterschlagen. Mehl und Backpulver daraufsieben, mit Mandeln unterheben. Teig aufs Blech streichen.

2 Im vorgeheizten Ofen (E-Herd: 200 °C/Umluft: 175 °C/Gas: s. Hersteller) ca. 12 Minuten backen. Auf ein mit 3 EL Zucker bestreutes Geschirrtuch stürzen. Backpapier sofort abziehen. Biskuit samt Tuch von der Längsseite her aufrollen. Auskühlen lassen.

3 Biskuit entrollen. Pflaumenmus und Gewürz verrühren und, bis auf 2 cm Rand, auf den Biskuit streichen. Sahne steif schlagen, Sahnesteif und 1 EL Zucker einrieseln lassen. Aufs Mus streichen. Mithilfe des Tuches wieder aufrollen. Mind. 4 Stunden kalt stellen.

4 Marzipan raspeln, mit 100 g Puderzucker verkneten. Auf Puderzucker zum Quadrat (ca. 40 x 40 cm) ausrollen. Rolle daraufsetzen und ins Marzipan einrollen. Kanten etwas anfeuchten und andrücken. Überstehendes Marzipan abschneiden. Kuvertüre und Kokosfett hacken. Im heißen Wasserbad schmelzen. Rolle damit überziehen und ca. 1 Stunde kühlen. Aus Rest Marzipan Sterne ausstechen. Rolle mit Sternen, Schokoröllchen und Kakao verzieren.

ZUBEREITUNGSZEIT ca. 1 ½ Std. + Wartezeit ca. 6 Std.
SCHEIBE ca. 390 kcal
E 6 g · F 22 g · KH 40 g

A

Amarena-Mohn-Schnecken ... 171
Amaretto-Eistörtchen mit Mango ... 65
Amaretto-Käsekuchen ... 120
Apfel-Eierlikör-Kuchen ... 94
Apfelkuchen, Altländer ... 96
Apfelkuchen, gedeckter ... 97
Apfelkuchen mit Mandelhaube ... 105
Apfelküchlein mit Amarettoguss ... 101
Apfel-Marzipan-Torte ... 95
Apfel-Schokotorte ... 151
Apfel-Schokowellen ... 103
Apfelstrudel mit Vanillesoße ... 100
Apfeltarte mit Calvados ... 98
Apfeltorte mit Baiser ... 102
Aprikosen-Eierlikör-Torte ... 39
Aprikosen-Frischkäse-Torte ... 71
Aprikosenkuchen mit Marzipancreme ... 83
Aprikosenkuchen mit Walnüssen ... 88
Aprikosen-Mandelkuchen ... 85
Aprikosen-Marzipan-Stollen ... 156
Aprikosenschnitten ... 33
Aprikosen-Streuselkuchen ... 87
Aprikosen-Tassenstrudel ... 47

B

Banana-Split-Torte mit Eierlikör ... 28
Bienenstich mit Erdbeeren ... 13
Birnen-Eierlikör-Torte ... 109
Birnentorte mit Cappuccinosahne ... 110
Biskuitrolle mit Preiselbeersahne ... 114
Brombeer-Joghurttorte ... 62
Brownie-Torte mit zweierlei Beeren ... 53
Buchweizen-Preiselbeer-Torte ... 113

C

Cappuccino-Amaretto-Torte ... 38
Champagnertorte ... 186
Cranberry-Nuss-Zopf ... 155

D

Dattel-Walnuss-Striezel ... 158

E

Eierlikör-Mousse-Törtchen ... 32
Eierlikörtorte, festliche ... 30
Erdbeer-Crumble-Törtchen ... 40
Erdbeereis-Gugelhupf ... 66
Erdbeerkörbchen, süße ... 12
Erdbeer-Rhabarber-Tarte ... 17
Erdbeer-Sahnetorte ... 11
Erdbeer-Zabaione-Torte ... 14
Erdnuss-Schoko-Ecken ... 147

F

Früchtekranz mit Zuckerkruste ... 160

G

Gewürzhonigkuchen mit Walnüssen ... 154
Grieß-Kirschkuchen, saftiger ... 81
Gugelhupf, marmorierter ... 145

H

Hanseaten-Engel ... 169
Hefefladen mit Weintrauben ... 111
Hefe-Pflaumenkuchen, klassischer ... 131
Himbeer-Butterkeks-Kuchen ... 63
Himbeer-Cremeschnitten ... 59
Himbeer-Käsekuchen ... 55
Himbeer-Vanillecreme-Torte ... 60
Hochzeitstorte ... 22
Holunder-Sekt-Torte ... 35

I

Ingwertaler ... 174

J

Johannisbeer-Baiserschnitten ... 58
Johannisbeertorte „Kir royal“ ... 56

K

Käsebienenstich, gebackener ... 122
Käsekuchen mit Apfel-Sahne-Haube ... 119
Käsekuchen mit Aprikosen ... 124
Käsekuchen mit Aprikosen & Beeren ... 89
Käsesahne-Preiselbeer-Torte ... 115
Käse-Toffee-Tarte mit Macadamia ... 123
Kakao-Kirschtorte ... 73
Kirsch-Joghurttorte ... 79
Kirsch-Käsesahnetorte ... 80
Kirsch-Knusperschnitten ... 64
Kirschkuchen mit Kokosstreuseln ... 75
Kirsch-Marzipan-Torte ... 180
Kirschtorte, Bozener ... 78
Kochlöffelkuchen Kaffee-Kirsch ... 24
Krokant-Engelsaugen ... 174
Krokantsterne ... 167

L

Latte-macchiato-Torte ... 68
Lebkuchencreme-Schnitten ... 183
Lebkuchen-Mangotorte ... 176
Liebesknochen mit Mokkacreme ... 44
Limetten-Baisertörtchen ... 46

M

Macadamia-Tarteletts ... 43
Makronen-Kirschkuchen ... 74

Mandarinen-Käsekuchen 116
Marzipan-Kirsch-Streuselkuchen 72
Mascarpone-Apfeltorte 99
Mascarpone-Schoko-Kirschtorte 77
Mascarpone-Streuselkuchen.................... 117
Melonen-Quarktorte 69
Minitörtchen „Frankfurter Kranz“ 26
Mohn-Birnenkuchen mit Schmandguss... 108
Mohn-Streuselschnecken 41
Möhrenkuchen 31

N

Nektarinen-Joghurtschnitten................... 84
Nikolaustaler, lustige 173
Nougatbusserln 174
Nougattorte, Florentiner 152

O

Orangen-Joghurt-Torte 181
Orangen-Sauerrahm-Torte 34

P

Pastéis de nata (Puddingtörtchen) 45
Pfirsich-Cantuccini-Joghurttorte 70
Pfirsich-Panna-cotta-Torte 82
Pflaumencremetorte 128
Pflaumenkuchen mit Baiserwellen......... 134
Pflaumenkuchen mit Makronengitter 133
Pflaumenkuchen mit Mandelkruste 126
Pflaumenkuchen mit Quarkguss............. 137
Pflaumenkuchen mit Zuckerstreuseln.... 130
Pflaumen-Marzipan-Tarte mit Baiser 132
Pflaumen-Rosenkuchen 127
Pflaumenstreifen, friesischer 135
Pflaumen-Streuseltaler 129
Pinienkern-Erdbeerkuchen....................... 16
Prasselkuchen mit Pflaumenmus 136
Prosecco-Kirsch-Torte 36
Prosecco-Pfirsichtorte 184
Pudding-Kopenhagener 42
Puddingtarte mit Heidelbeeren 52

R

Raffaello-Pfirsich-Torte........................... 25
Rhabarber-Amaretto-Torte 18
Rhabarber-Streuselkuchen 20
Rosinen-Quarkschnitten vom Blech........ 118
Rotwein-Schoko-Cookies...................... 166
Rudolph, das Rentier 172

S

Sahneeistorte mit Schokosplittern 67
Saure-Sahne-Torte 37
Schmetterlinge, süße 29
Schneegestöber-Kuppeltorte 182
Schneemänner, niedliche 165
Schneemoussetorte mit Rhabarbercreme... 21
Schoko-Baiser-Knusperli 164
Schoko-Bratapfelkuchen........................ 146
Schokoherz, weißes................................. 27
Schoko-Käsekuchen 121
Schokoladen-Festtagstorte 148
Schokoladen-Johannisbeertorte
„Sacher-Art“ 144
Schokoladenkuchen, saftiger 141
Schokoladen-Walnuss-Torte, sahnige 150
Schoko-Pralinentorte 153
Schoko-Sahne-Rolle mit Pflaumenmus... 187
Schoko-Sahne-Torte mit Eierlikör 142
Schoko-Streuselkuchen 140
Schwarzwälder Kirschschnitten............... 76
Spekulatius-Kirschtorte 178
Stollenbutterkuchen mit Marzipan.......... 161
Stracciatella-Marmorkuchen
mit Aprikosen 86
Streuselkekse 174

T

Topfentarte mit Zitronenbaiser.............. 125

V

Vanille-Cremeschnitten, fruchtige 54

W

Weintrauben-Sahnetorte 112
Wickelkuchen mit Mohnfüllung 159
Winterapfelstollen 157

Z

Zimt-Mascarponetorte 177
Zimtschnecken 170
Zitronen-Joghurt-Kuchen mit Äpfeln...... 104
Zitronen-Spritzgebäck 168